学前教育专业系列教材

幼儿园课程与教学

张　静◎主编
沃　野◎副主编

北京大学出版社
PEKING UNIVERSITY PRESS
黑龙江大学出版社
HEILONGJIANG UNIVERSITY PRESS

图书在版编目（CIP）数据

幼儿园课程与教学 / 张静主编. -- 哈尔滨 : 黑龙江大学出版社 ; 北京 : 北京大学出版社, 2020.3
ISBN 978-7-5686-0448-2

Ⅰ. ①幼… Ⅱ. ①张… Ⅲ. ①学前教育－课程－教学研究 Ⅳ. ①G612

中国版本图书馆 CIP 数据核字 (2020) 第 010820 号

幼儿园课程与教学
YOU'ERYUAN KECHENG YU JIAOXUE
张　静　主编　沃　野　副主编

责任编辑　魏翕然
出版发行　北京大学出版社　黑龙江大学出版社
地　　址　北京市海淀区成府路 205 号　哈尔滨市南岗区学府三道街 36 号
印　　刷　哈尔滨市石桥印务有限公司
开　　本　720 毫米 ×1000 毫米　1/16
印　　张　14.5
字　　数　237 千
版　　次　2020 年 3 月第 1 版
印　　次　2020 年 3 月第 1 次印刷
书　　号　ISBN 978-7-5686-0448-2
定　　价　39.00 元

本书如有印装错误请与本社联系更换。

总　　序

学前教育是终身学习的开端，是国民教育体系的重要组成部分，是重要的社会公益事业。学前教育对幼儿的身心健康、习惯养成、智力发展等具有重要意义。办好学前教育，关系亿万儿童的健康成长，关系千家万户的切身利益，关系国家和民族的未来。改革开放以来，特别是21世纪以来，我国学前教育取得了长足发展，普及程度逐步提高。随着社会经济的发展，人们对学前教育提出了更高的要求。

2018年11月，中共中央、国务院出台了《关于学前教育深化改革规范发展的若干意见》，该意见明确指出："目前学前教育仍是整个教育体系的短板。"学前教育的短板突出表现在教育资源不足、政策保障体系不完善、教师队伍建设滞后、监管体制机制不健全、保教质量有待提高等方面。其中，教师队伍建设滞后成为制约我国学前教育事业发展的一个重要因素。针对师资问题，该意见提出："到2020年，基本形成以本专科为主体的幼儿园教师培养体系，本专科学前教育专业毕业生规模达到20万人以上；建立幼儿园教师专业成长机制，健全培训课程标准，分层分类培训150万名左右幼儿园园长、教师。"为了实现这个目标，加大学前教育人才培养力度、提高学前教育专业教学质量是我们面临的重要任务。

为了全面贯彻党和国家的教育方针，我们组织江苏、安徽、黑龙江、吉林、广东等省的本科院校学前教育专业的专家和学者共同编写了这套"学前教育专业系列教材"。本套教材主要面向普通本科院校、成人高校的在校学生，同时也适用于各级各类幼儿园园长和教师的培训。本套教材立足于培养实用型、技能型的幼教教师，坚持理论联系实际、讲学练结合、突出岗位技能训练的原则，力求贯彻能力本位原则、学生主体原则、与时俱进原则。在内容和体例上，本套教材力求做到科学、实用、新颖，密切结合学生的认知规律和学习特点来选择教学内容。理论知识的构建以阐述基本问题为主,理论知识通俗易懂、便于理解。专业技能的训练则与幼教机构的实际需要相联系。本套教材力求做到目的明确、重点突出、指导具体,具有较强的实用性和可操作性。

本套教材的编写得到了教育部幼儿园园长培训中心领导和专家的指导,一些幼儿园园长和资深教师对本套教材的编写也提出了很多宝贵意见。对于他们的帮助,我们表示衷心的感谢。本套教材由于编写仓促,还存在一些问题和不足,我们将在今后的使用过程中不断修订、不断完善,使这套教材更好地为广大师生服务。

编者

目　　录

第一章 幼儿园课程概述

第一节 课程概述

一、课程的定义

对于课程,存在着许多定义,每一种定义都试图从某种立场解释课程,这就导致了对课程界定的众说纷纭、莫衷一是。事实上,每一种课程定义都隐含着某种哲学假设和价值取向,隐含着某种意识形态以及对教育的某种信念,从而表明了这种定义最关注哪些方面。

汉语中,课程一词始见于唐代,其基本含义是指功课及其进程,与当今人们对课程的理解已经较为接近。

在英语中,课程(curriculum)一词来源于拉丁语"currere",其含义是"跑道"或"奔跑"。用名词"跑道"解释,"跑道"即"学程",课程的含义是为学生设计的学习的轨道。用动词"奔跑"解释,"奔跑"即"学习的进程",课程的含义是学生对自己学习经验的认识。

课程的概念集中反映着人们对课程本质的理解。而在这个至关重要的概念上,由于学者们所持的哲学观、社会学观等各不相同,对课程本质的理解自然就不同,从而导致对课程本质内涵的界定出现诸多歧义的现象。据说,目前有案可稽的课程定义不下百种。但归纳起来,具有代表性的是以下几种:

(一)课程即学习科目和教材

将课程看作学习的科目,这在历史上由来已久,影响最深远,既代表着传统的教育观,也是大多数学校教育实践的真实反映。

在一般人的心目中,课程是科目或学科的代名词。我们常常听到这样的一种询问与回答:"你们学校都开设哪些课程?""语文、数学、英语、物理、历史……"这时,课程指的是具体的学习科目或学习科目的总和。也有的人把课程和教材合而为一,视教材为课程的具体体现,把通过课程而进行的教育简化为"教书"(教教材、教课本)。于是,老师成了"教书匠",学生成了"读书郎"。

这种"课程即学习科目和教材"的理解,虽然把握住了课程的主要问题,即课程内容的问题,但却把教师的视线局限在一个相对狭小的圈子里:只关注"教什么",不关注"为什么而教"和"怎样教";只关注学生的认知发展,不关注学生的全面发展;只关注传授知识,不关注学生的需要、兴趣、能力以及所学知识对学生个人的意义。而且,这种对课程内容本身的理解也过于狭隘——仅仅局限于客观外在的间接经验,而忽略了学生在学校生活和活动中所获得的各种鲜活的直接经验。

(二)课程即学生在校获得的学习经验

与传统的将课程看作学习科目和教材,即从学科维度来界定课程不同,将课程看作学生的学习经验,即从经验维度来界定的课程是以学生主体性活动的经验为中心组织的活动,也叫作生活课程、活动课程、学生中心课程。这种以学生为中心,强调学生在校获得的学习经验的课程定义的出现,成为20世纪课程改革中的一面颇具号召力的旗帜。

将课程理解为学生的学习经验,无疑扩大了研究者的视野,转移了其注意的重心,使之不仅关注"教什么",而且关注"为什么而教""怎样教""为什么这样教"以及"这样教会对学生产生什么影响"。可以说,从关注教材到关注学生,关注他们的兴趣、需要,关注他们在学习过程中所学的东西及其对个人的意义,是课程领域的一个革命,而这个革命的核心就是界定课程概念的维度的变化。

但是,事实上,这一定义的实际影响范围还较多局限在学者的圈子里和理论的层面上。虽然实践中也不缺乏这种课程理念指导下的成功模式,但是要想真正成为广大教师、家长以及学生的共识尚待时日。所以,不少学者注意到它理论上很吸引人,实践上却很难实行。

(三)课程即学校组织的学习活动

与课程即学习经验的观点同一渊源,课程即学习活动的观点也产生于进步主义教育对“课程即教材”一说的反思与批判。只是学习经验的模糊性、个人性、主观性使得它难以把握,于是,一些研究者便转向学习经验的“母体”——学习活动寻求支持。

活动是学生与学习环境相互作用的形式,学习是通过学生的主动行为而发生的,学生的学习取决于他自己做了什么。“做中学”是学生获得经验的重要方式,所以,有人提出可以将课程理解为“在学校的教师指导下出现的学生学习活动的总体”。

经验依赖活动,活动产生经验。也许正是因为两者关系的密切性和思想渊源的同一性,有些研究者并不把课程的“经验说”和“活动说”视为两种不同的观点,而将其统一为“经验活动说”。然而,这两种定义的角度毕竟有所不同,“经验说”强调的是“结果”——学生的“所得”,“活动说”强调的是“过程”——学生的“所做”。而从“所做”的角度定义课程的最大弊端在于,可能把研究者的注意力引向表层——活动的形式,造成本末倒置的状况,视活动本身为目的,而忘却活动的宗旨——获得经验,而且过分强调从实践中获取直接经验,也并不能完全反映学校教育和学生学习的本质特征。

(四)课程即教学计划

把课程看作教学计划或培养人的蓝图,是20世纪50年代以来比较流行的一种观点。这一定义的提出,可以认为是力图纠正课程“经验说”的失之过宽、“教材说”的失之过窄、“活动说”的失之浅表。

课程作为培养人的计划或蓝图,必然包括对培养什么人(课程目标)、提供什么样的学习经验和如何组织这些经验才能培养出这样的人(课程内容与组织)、如何检验育人的意图是否实现(课程评价)等一系列问题的思考与决策,包含了课程的基本要素,因而比较周全。但这种周全仅仅是从课程设计的角度来看的。如果从课程作为学校实际发挥教育功能的基本途径和手段的角度看,那么“计划说”显然遗漏了一个极其重要的部分——课程实施。也许这种遗漏是有意的,因为在“计划说”者的认识中,课程实施问题是教学问题,应将课程与教学区分开来，但事实上，二者是无法完全分开的。教学固然是课程的实施阶段，但课程实施（教学）却不是原封不动地执行计划。从某种意义来说，课程实施（教学）过程是课程的“再设计”过程——根据学生的实际反馈修正、调整、发展、完善预定的计划或方案，以期取得更好的教育效果的过程。“计划说”过分强调静态设计、预成课程，忽视动态设计、生成课程的倾向，使它有可能与“教材说”殊途同归，将教育者关注的重点引向外在于学生的“计划”或“方案”，最终导致有教无学。

（五）课程即预期的学习结果或目标

这种观点认为课程关注的重心应该是学生通过课程而获得的学习结果，即教育教学的目的，而不是手段。这就要求事先制定一套有结构、有序列的学习目标，所有教学活动都是为达到这些目标服务的。

“目标说”对预期、控制和效率的强调，的确有利于课程的科学化和标准化，因而自产生以来影响很大。至今广为采用的课程设计的“目标模式”，就是由这一定义演化而成的。但是，这种受企业管理原理影响的课程观，是否会导致视学校为工厂、视课程为生产线、视学生为原材料、视教育教学为把学生“加工”成一个个标准化产品的过程的倾向呢？而且，如何保证这些预定的目标对每一个学生的适宜性呢？那些非预测的，但却在学校环境中实际产生并对学生影响很大的“结果”，是否也需要关注并加以调整呢？这都是“目标说”所面临的难题。

从上述几种典型的课程定义中，我们可以看到，每一种定义都有不同的产生背景、理论基础，也都有各自独特的看问题的角度和关注重点（主观 - 客观；过程 - 结果；动态 - 静态；显性 - 隐性）。因此，尽管各种定义都有明显的缺陷或局限，但也都或多或少地涉及课程的某些本质，都有其积极、合理的一面。对我们来说，重要的不是简单地肯定或否定某种定义，而是了解每种定义所要解决的问题以及伴随而来的新问题，从而对课程的认识更加全面。

二、课程的形态与结构

这里所谓的课程形态，指的是课程的表现形式或课程类型。课程类型是指课程的组织方式或设计课程的种类。不同国家、不同时期、不同教育家持有不同的分类标准，因此对课程所划分的类别也不同。

从课程内容的角度，可把课程分为学科课程和活动课程；从课程任务的角度，可分为基础型课程、拓展型课程和研究型课程；从课程制定者或管理层次的角度，可分为国家课程、地方课程、学校课程；从课程功能的角度，可分为工具性课程、知识性课程、技能性课程、实践性课程；从教育阶段角度，可分为幼儿园课程、小学课程、初中课程、高中课程；从课程的组织核心来看，可分为学科中心课程、学生中心课程、社会中心课程；从课程影响学生的方式来看，可分为显性课程和隐性课程等。以下将对前三种分类加以说明。

（一）根据课程内容，可分为学科课程、活动课程

学科课程又称为分科课程，指的是根据培养目标和科学发展水平，从各门科学中选择适合一定年龄阶段学生的发展水平的知识，组成教学科目。学科课程将科学知识加以系统组织，对教材依一定的逻辑顺序加以编排，注重学生在学习过程中知识和技能的掌握。学科课程的基本特点在于分科设置，课程内容的选择和安排按学科知识的逻辑结构来进行，重视学科内容间的联系，并且重视教师系统的讲授。

活动课程以学生的兴趣、需要和能力为出发点，通过学生自己组织的活动来实施课程。活动课程打破了学科本身的逻辑，注重学生的学习过程本身。“活动课程”这一术语有诸多疑义，有人提出以“经验课程”或“学生中心课程”取而代之。活动课程的目标是开发和培育主体内在的、内发的价值，培养具有丰富个性的主体。

学科课程注重让学生掌握基础知识和技能，而且容易被教师把握，长期以来，被广泛运用。但是，它只关注学科逻辑，容易脱离学生的生活实际。相反，活动课程能从学生的兴趣和需要出发，与学生的生活相贴近，但是，它却因为缺乏严格的计划，而不容易使学生掌握系统的知识。可见，学科课程和活动课程两者各自的长处正是对方的不足。

（二）根据课程任务，可分为基础型课程、拓展型课程、研究型课程

基础型课程注重学生基础学力的培养，即以培养学生作为一个公民所必需的“三基”（读、写、算）为中心，是中小学课程的主要组成部分。它的内容是基础的，以基础知识和基本技能为主，不仅注重知识、技能的传授，也注重思维力、判断力等能力的发展和学习动机、学习态度的培养。基础型课程是必修的、共

同的课程，无论哪个学生都要学习。基础型课程要求很严格，必须有严格的考试。基础型课程的内容是不断发展的，它随学段的不同而有所不同。

拓展型课程注重拓展学生的知识与能力，开阔学生的视野，发展学生各种不同的特殊能力，并迁移到其他方面的学习。例如，注重加强学生文学、艺术鉴赏能力的课程，注重加强学生素质、培养学生知识与社会实践相结合的能力的环境保护课程等，都属于拓展型课程。拓展型课程常常以选修课的形式出现，比起基础型课程来有较大的灵活性。

研究型课程注重培养学生的探究态度与能力。这类课程可以提供一定的目标、结论，而获得结论的过程和方法则由学生自己组织，自己探索、研究，主要是培养他们的研究能力与创新精神；也可以不提供目标和结论，由学生自己确立目标，得出结论。从问题的提出、方案的设计到实施以及结论的得出，完全由学生自己来做，注重研究过程甚于注重结论。

基础型课程、拓展型课程、研究型课程三者之间关系紧密。基础型课程的教学是拓展型和研究型课程的学习基础；拓展型课程的教学是研究型课程的学习基础；而从一定程度来说，拓展型、研究型课程的学习，对基础型课程的教与学两方面都起着至关重要的基础作用。各类型、各科目课程在教育过程中虽然任务不同，层次要求不同，但都具有渗透性、综合性。从课程目标来说，基础型、拓展型、研究型课程，在统一的目标和不同层次的要求下，功能互补递进，形成一个有机整体，在全面提高学生素质与发展学生个性特长方面起着十分重要的作用。

（三）根据课程制定者或管理层次，可分为国家课程、地方课程、学校课程

20世纪80年代末至90年代，我国课程改革的步伐日益加快。1993年，原国家教委颁发的《九年义务教育全日制小学、初级中学课程计划》中将课程分为国家和地方两个层次；1996年，原国家教委颁发了《全日制普通高级中学课程计划（试验）》，将课程分为国家、地方、学校三个层次；1999年颁布的《中共中央国务院关于深化教育改革全面推进素质教育的决定》规定，调整和改革课程体系、结构、内容，建立新的基础教育课程体系，试行国家课程、地方课程和学校课程。

所谓国家课程，是由国家教育行政机构编制和审定的课程，其管理权属于国家教育行政机构。国家级课程是一级课程。它编订的宗旨是保证国家确定

的普通教育的培养目标达到普通教育的世界先进水准，规定学生应掌握的基础知识和基本能力。这类课程计划、教学大纲和教材由国家统一审定，未经批准，地方不得随意变动。国家课程编制往往采用“研制—开发—推广”的模式，实施“中央—外围”即自上而下的政策，以确保一个国家所实施的课程能够达到统一、共同的质量标准。

所谓地方课程，就是省、自治区、直辖市教育行政机构和教育科研机构编订的课程，属于二级课程。二级课程的编订权在省、自治区和直辖市，县、校不经批准无权变动。地方课程编订的宗旨是补充、丰富国家课程的内容或编订本地区需要的教材。它既可以安排学科课程，也可以安排活动课程；既可以安排必修课，也可以开设选修课。

所谓学校课程，是在具体实施国家课程和地方课程的前提下，通过对本校学生的需求进行科学评估，充分利用当地社区和学校的课程资源而开发的多样性的、可供学生选择的课程。其目的在于尽可能满足各社区、学校、学生客观存在的差异性需求，因而具有一定的适应性和参与性，通常以选修课或特色课的形式出现。学校课程的开发可分为新编、改编和单项活动设计等。

第二节　幼儿园课程的含义

“幼儿园课程”这个词，早在几十年前就已被我国幼教界普遍使用。1928年5月在南京召开的全国第一次教育会议上，著名教育家陶行知先生针对当时国内幼稚园各行其是，没有一个基本的标准，以及多半的课程与教材是舶来品，不太符合国情的情况，曾提出了一个《审查编辑幼稚园课程及教材案》。在几十年来使用“幼儿园课程”这个概念的过程中，人们对其内涵的理解也经历了一些变化。总的来看，大致出现了以下三种典型的观点。

一、幼儿园课程即幼儿的学习经验

持此种观点的学者认为，幼儿园课程就是为幼儿提供的有目的、有计划、有组织的学习经验。在20世纪二三十年代的幼儿园课程改革中，陈鹤琴和张雪门先生就十分关注幼儿的经验获得。陈鹤琴先生尽管没有给幼儿园课程下一个明确的定义，但他一再强调，幼儿园应该给儿童一种充分的经验，这种经验的来源有二：一是与实物的接触，二是与人的接触。应该把儿童能够学而且应该学的东西有选择地组织成系统，应该以儿童的两个环境——自然环境和社会环境——为中心组织幼儿园课程。这其实就是对幼儿园课程的解释。张雪门先生则明确指出，幼儿园课程就是给三足岁到六足岁的孩子所能做而且喜欢做的经验的预备。两位幼教先驱对幼儿园课程的解释，说明我国幼教界一开始就把幼儿的"经验"视为幼儿园课程的重点，强调了幼儿的主体地位和实际学习所得。

20 世纪 80 年代以来，学者再次对"经验"给予关注，并结合新理论赋予其一定的意义。例如，虞永平教授认为，幼儿园课程是从幼儿身心发展的特点和特定的社会文化背景出发，有目的地选择、组织和提供的综合性的、有益的经验。刘焱教授也提出，幼儿园课程是儿童在幼儿园环境获得的旨在促进其身心全面发展的教育性经验。他们都强调了提供给幼儿习得的经验应是经过精选的、有价值的经验，而不是零散的、杂乱的自然经验。

以上观点带给教育实践的启示是，幼儿园既要注重教师精心设计的显性课程（即正规课程）对幼儿的影响，又要注重文化、环境中的其他因素（即潜在课程）对幼儿发展的作用，因为两者都会被幼儿经历、理解和接受，形成学习经验。

二、幼儿园课程即学习科目

这是新中国建立以来影响我国幼教时间最长、范围最广的观点。1952 年 3 月，教育部颁布了由教育专家戈林娜等人指导，经过部分地区试验和修改而制定的《幼儿园暂行规程（草案）》和《幼儿园暂行教学纲要（草案）》，在全国试行。《幼儿园暂行教学纲要（草案）》设置了六个教养活动项目：体育（包括日常生活、卫生习惯、体育游戏、舞蹈和律动），语言（包括谈话、讲故事、歌谣、谜语），认识环境（包括日常生活环境、社会环境、自然环境），图画和手工（包括图画、纸工、泥工及其他材料作业），音乐（包括表情唱歌、听音乐、乐器表演），计算（包括认识数目、心算、度量）。不难看出，此时幼儿园课程已被看成一门门的教学科目。

这种对幼儿园课程的理解延续了很长时间。1981 年，我国颁布的《幼儿园教育纲要》规定，幼儿园设置语言、计算、常识、音乐、美术和体育等六门课程，仍然将幼儿园课程理解为教学科目。

“学科说”强调系统的知识教学,有利于教育者关注课程内容的系统化选择及组织,但往往也容易导致以“学科”为中心,忽视学科知识间的有机联系,或以“教学”为中心,忽视幼儿的学习过程及其他活动类型,忽视幼儿的情感陶冶、创造性表现、个性培养等一些对幼儿成长有重大影响的因素。

三、幼儿园课程即活动

这种课程观试图从宏观的、广义的角度来定义幼儿园课程,认为幼儿园课程是幼儿园教育活动的总和。如张宗麟先生认为,幼稚园课程者,由广义说之,乃幼稚生在幼稚园一切之活动也。其他学者也认为,幼儿园课程是实现幼儿园教育目的的手段,是帮助幼儿获得有益的学习经验,促进其身心全面和谐发展的各种活动的总和。在这里,幼儿园课程不仅局限于学科教学,还包括其他任何类型的教育活动,包括游戏活动、生活活动、体育活动。

这种定义对教学科目进行了拓展,同时肯定了幼儿园课程的动态性,符合幼儿身心发展的特点,因此受到了广大学前教育者的认可,成为当前幼儿园课程的主流定义。有学者认为,用活动来解释课程具有以下优越之处:

第一,活动是连接主客体的桥梁,把课程解释为“活动”有利于改变课程工作者的视角,促使他们同时注意活动的主体(谁在活动)和对象(用什么活动,和什么相互作用)。

第二,活动容易被教师把握和控制。他们可以借助活动了解幼儿的兴趣、需要、已有经验和发展水平,也可以通过创设活动情境、提供活动材料、引发活动主题、指导活动方式等策略控制幼儿的活动,进而影响他们的学习经验。

第三,活动一词更能反映幼儿学习的本质与特点,因而也更适于解释幼儿园课程。幼儿的认识活动离不开具体形象,他们的学习难以离开对客观事物的直接感知,难以离开与客观事物的相互作用——活动。因此,用活动来定义幼儿园课程,突出了幼儿学习的本质特征,更能体现课程为学习服务的基本职能。

继承前人的这些宝贵观点,同时考虑到幼儿的身心发展特点和幼儿教育的性质,我们选择“活动说”对幼儿园课程进行如下界定:幼儿园课程是实现幼儿园教育目的的手段,是帮助幼儿获得有益的学习经验,促进其身心全面和谐发展的各种活动的总和。这里的所谓各种活动,即《幼儿园工作规程》所说的“有目的、有计划引导幼儿生动、活泼、主动活动的，多种形式的教育过程”。

第三节　幼儿园课程的性质和特点

一、幼儿园课程的性质

幼儿园课程的独特之处在于幼儿园课程所处理的特殊矛盾，所解决的特殊问题，所承担的特殊任务，所依托的特殊形式，所采用的特殊方法等。这些表明了幼儿园课程的特殊地位、特殊价值取向。

（一）基础性

幼儿园课程的基础性可以从两个方面显现出来。

一方面，从教育体系来看，幼儿园在整个学校教育体系中的位置决定了幼儿园课程在整个课程体系中的位置——是基础教育乃至整个学校教育课程大厦的基石。《幼儿园教育指导纲要》指出，幼儿园教育是基础教育的重要组成部分，是我国学校教育和终身教育的奠基阶段，城乡各类幼儿园都应从实际出发，因地制宜地实施素质教育，为幼儿一生的发展打好基础。这就非常明确地说明了幼儿园教育和幼儿园课程的基础性。

另一方面，从人的发展的角度来看，幼儿园教育的对象是3—6岁的儿童，这一阶段是人生发展的起始阶段。他们的自然生命正在接受人类社会文化的熏陶，进行着社会化过程。这一阶段所获得的学习经验，不仅影响着儿童当时的发展，更影响着青少年期的发展，乃至影响一生。而为幼儿提供学习经验的幼儿园课程因此而更具有基础性——为儿童一生的成长奠定根基。

（二）非义务性

学前教育是对接受义务教育之前的儿童进行的教育，学前教育是非义务教育，学前教育课程便具有非义务性，是非义务课程。也就是说，幼儿园课程不是适龄儿童必须学习和完成的“任务”，不具有强制性和普遍性，这在客观上使幼儿园课程具有了灵活性，为广大幼教工作者发挥各自的积极能动性、努力探索适合幼儿发展水平的课程提供了有利条件。但是,这种灵活性并不是随心所欲,而是要以国家的有关教育政策为指导,以幼儿发展和学习的规律、特点为依据,要遵循科学性和规律性。

幼儿园课程不是强迫学前儿童进行的课程,但学前儿童发展却是有规律的。遵循这些规律,探索适宜学前儿童充分健全发展的课程特性,是课程研究者的任务。

(三)适宜发展性

适宜发展性课程具有以下几方面的含义:①课程适合幼儿身心发展的客观需要,符合其规律,但不是仅仅停留在迎合或迁就幼儿身心发展的现状。②课程对幼儿的发展是适当的,提供的影响是经过选择、优化的,具有选择性。③课程既要保证幼儿达到应有水平,获得充分发展,又要为其以后发展奠定基础,即要拓展幼儿的"最近发展区"。课程既要适合幼儿发展的普遍性,又要适合不同幼儿发展的独特性,照顾其个性。课程还要切合社会发展的客观要求。

幼儿园课程是学前儿童的课程。学前教育的任务,就是要创造良好的教育条件,促进学前儿童身心和谐健康发展,为其以后的人生发展奠定良好的基础。为此,学前教育必须适宜学前儿童的发展。幼儿园课程作为学前教育的核心支柱,自然承担着促进学前儿童发展的重任。因此,幼儿园课程必须是适宜发展性课程。

为学前儿童提供适宜发展性课程,是社会发展的客观要求。儿童是未来社会的建设者,是未来社会的主人。未来社会要求未来的人具有全面适应性,健康,善交际,有能力,会生活,会学习,会发展,懂得与人和睦相处、与自然和谐相处。所有这些,要求学前教育提供条件,促进儿童基础素质的发展,因此,适宜发展,既要适宜学前儿童现时的发展,也要适宜儿童在未来的社会中的发展。

二、幼儿园课程的特点

幼儿园课程与学校课程有许多共同点(如都反映了一定的社会价值和文化知识),但也存在着许多不同之处,其最明显的差别表现在对教育对象的考虑方面,以幼儿为教育对象的幼儿园课程的决策,要求教育者更多地关注个体的发展水平。这是因为在儿童时期发展的速率比其他任何时期都快,也因为儿童学习的能力极大地依赖于自身的发展，因此，幼儿园课程的决策应该充分考虑每个幼儿的发展水平。

当我们选择把幼儿园课程界定为“帮助幼儿获得有益的学习经验，促进其身心全面和谐发展的各种活动的总和”时，幼儿园课程就具有了如下特点。

（一）行动性

幼儿以直觉行动思维和具体形象思维为主，他们以直接经验为基础，在具体的行动中，通过现实地接触具体的、感性的形象获取信息。例如，与其给幼儿讲授小动物生活的习性以及爱护小动物的道理，不如给幼儿提供照料小动物生活的机会，幼儿在与小动物打交道的过程中获得关于小动物生活的印象，他们对小动物的关爱也就体现在相应的照料行为之中。杜威的“从做中学”、陈鹤琴的“做中学、做中教、做中求进步”以及陶行知的“行是知之始”的观点之所以拥有强大的生命力，原因就在于较符合儿童的这种发展特点。因此，幼儿园课程的实施要为儿童创造丰富的活动情境，创造有利于儿童自发、主动探索的活动氛围，为儿童提供各种探究与互动的机会，使儿童在一日生活活动中获得直接经验。

当然，行动的不止幼儿，教师也是行动的，教师不能是一个场外的指挥者、监督者，而应是幼儿行动的参与者，与幼儿积极互动。教师与幼儿之间的有效互动体现在幼儿的主动行动与教师的积极支持上。

（二）即时性

活动是幼儿在具体时空中的经历。杜威认为：“他（儿童）的现在的能力要自己表现出来，他的现在的才能要发挥作用，他的现在的态度要实现。”陈鹤琴也认为，“课程是当时当地儿童的活动”。这些都说明了幼儿园课程的即时性。幼儿园课程中充满了即时信息，即幼儿在活动的当时当地所面临的新问题、新任务和新机遇，教师应对即时信息进行提取，并同幼儿一起进行妥善处理，使活动自然地延续。

幼儿园课程的即时性也意味着变化性、流动性与不确定性，显现出幼儿园课程事先难把握的特点。因此，那种事先便制订出十分详细的计划与步骤，并在实施时原封不动地执行而不顾幼儿实际情况的做法，很难充分实现幼儿园课程的本来价值。

（三）整体性

幼儿身心发育不成熟、不完善，认知、情感、社会性等各部分有机地交织在一起，他们认识事物、获取经验的过程和由此而引起的能力和倾向的变化过程，都具有整体性。与此相对应，幼儿园课程也具有整体性，即多个学科、多个发展领域之间相互联系、相互促进，构成一个有机整体，促进儿童的全面发展。《幼儿园教育指导纲要》中明确指出：幼儿园课程相对地划分为五个领域，各个领域的内容要有机联系，相互渗透，从不同的角度促进幼儿的全面发展；幼儿园教育活动的组织要注意综合性、趣味性、生活性；教育活动的组织形式应根据需要合理安排，灵活运用；幼儿园要综合利用各种资源，扩展幼儿生活和学习的空间等。这些都体现了幼儿园课程整体性的特点。

例如，教师带着幼儿观察笼子里的豚鼠。教师提出"豚鼠喜欢吃什么"的问题。在幼儿猜谜般地说出"糖果""巧克力""牛奶"之后，教师拿出生菜，幼儿拿出糖果、巧克力，把它们放进笼子，幼儿惊奇地发现豚鼠喜欢吃生菜。接着，教师提出另外一个问题：豚鼠是如何发现生菜的，是看到的、听到的还是嗅到的？孩子们又是众说纷纭。教师建议孩子们用绿色纸剪出假生菜，和真生菜一起放入笼中，结果豚鼠直奔真生菜，"看到的"被排除掉了。随后，几个孩子把生菜放在口中嚼得响响的，豚鼠们还是充耳不闻，"听到的"也被排除掉了。结论是"嗅到的"。最后，幼儿把自己的发现用报告展现出来。报告上画了只豚鼠，贴上了纸生菜，还将糖果纸等贴到了边上……

在上述案例中，教师并没有事先考虑"领域"，但课程将各领域活动都自然而有机地包含进去了，这就是幼儿园课程整体性的魅力。

（四）真实性

幼儿园课程是幼儿正在经历着的生活现实，因而幼儿园课程具有真实性。"为了儿童"的课程应是儿童个人的生动的亲身体验。课程如果缺少对幼儿真实内心世界的关注，就会远离幼儿的现实生活和幼儿自身。当课程所涉及的是幼儿真正关心的问题时，幼儿不仅行动是真实的、发自内心的，而且感觉也是真实的、强烈的。

譬如，关于"蚯蚓的生活环境"的知识，当教师在课堂上告诉幼儿蚯蚓生活在土壤里时，幼儿或许半信半疑，或许盲目地接受这一信息，并没有自己的理解，但当幼儿自己从土壤里刨出蚯蚓时，他不仅明白了蚯蚓生活在土壤里，而且实际感受到了蚯蚓的生活环境，如土壤的温度、湿度、软硬，还可能发现蚯蚓在土壤里是蠕动的。幼儿会享受发现的喜悦，会因为亲历而印象深刻。幼儿园课程的发展价值也在此得到了充分的体现。

第四节　幼儿园课程的类型

从不同的角度出发，幼儿园课程可分为不同的类型。了解这些类型，将有助于我们进一步加深对幼儿园课程的理解。

一、依据课程内容的组织形式划分

依据课程内容的组织形式，可将幼儿园课程分为分科课程、相关课程、融合课程、领域课程和核心课程。

这种分类方式揭示了不同学科或领域知识间联系的密切程度。其中，分科课程强调不同学科知识体系自身的逻辑，各科平行孤立，分别传授。相关课程注重相关学科在知识点上的必要联系，同时，保留学科自身的逻辑体系和独立的学科地位。融合课程将学科原有的逻辑淡化，各学科之间在面上的联系有所加强。不同学科融合后所形成的新学科的整体逻辑趋于形成，但尚未形成。领域课程中的领域既可指知识领域，也可指幼儿的发展领域。其主要特点是各学科原有逻辑趋于消失，相互间的联系进一步加强，形成了相对独立的知识领域或发展领域。核心课程是从社会现实和幼儿的需要、特点出发选择出一个个主题，以此为核心将相关内容组织起来形成的。

从分科课程过渡到核心课程，各类知识之间的联系逐渐增强，同时也越来越关注幼儿生活的整体性，在课程实施中对幼儿园教师的素质要求也逐渐提高。这种发展是在反思分科课程中人为割裂幼儿完整生活等缺陷的基础上所做的有益探索和实践。目前，幼儿园课程呈现出类型多样化的状态，但大部分幼儿园采用的课程多属于相关课程。

二、依据课程指导思想的差异划分

依据课程指导思想的差异，可将幼儿园课程分为儿童中心课程、社会中心课程和学科中心课程。

儿童中心课程强调幼儿的兴趣、需要，关注幼儿参与活动中所获得的经验。课程的内容不能预定，它随着学习情境和幼儿的兴趣不断发生着变化。教师以支持者、帮助者身份出现，幼儿学习时多采用主动探索方式，有较大的学习自主性。社会中心课程强调对社会的改造或适应。课程内容的选择和组织主要围绕当代社会中人们密切关注的社会问题或社会状况和要求来进行。属于此类的课程有多元文化课程、环境保护课程、和平教育课程等。学科中心课程强调从学科体系出发，按照学科知识的逻辑来组织课程。

这三类课程体现着人们不同的课程观念和幼儿教育观念。理想的课程状态是兼顾幼儿和社会两方面的需要，同时尊重学科的内在逻辑。只是操作起来难度较大，对教师素质的要求也较高。

三、依据课程影响幼儿的方式划分

根据课程影响幼儿的方式，可将幼儿园课程分为显性课程和隐性课程。

显性课程指的是幼儿园有目的、有计划地对幼儿实施影响的课程。隐性课程是那些没有列入正规课程计划和教育政策，但是在教育实践中又不可避免地会对幼儿的身心发展产生影响的课程。

隐性课程具有以下特点：

(1)潜在性。隐性课程常常借助于正规课程的形式或其他方式存在，幼儿接受其影响也常常是无意识的。

(2)非预期性。对于教育者和幼儿而言，隐性课程的作用往往是事先没有意料到的。当然，影响有良莠之分、优劣之别。

(3)不易觉察性。隐性课程的功能与效果，多数情况下不易明显看到，具有模糊性，难以断定何时所得。

(4)多样性。隐性课程存在于丰富多彩的教育活动或非教育活动之中，内容繁多，形式多样。

在实际工作中，人们考虑较多的总是显性课程，而对隐性课程往往关注不够。实质上，隐性课程对幼儿有着潜移默化且不容忽视的影响作用。因此，我们必须自觉加强隐性课程建设，充分发挥其价值，使之成为幼儿发展积极的影响源。

第五节　幼儿园课程的基本原则

幼儿园课程的基本原则是教师在向幼儿进行教育时必须遵循的基本要求。这些原则是根据幼儿园教育目标、任务和幼儿身心发展的特点，在长期的幼儿教育实践经验的基础上提出来的。

一、尊重幼儿的人格尊严和合法权益的原则

作为幼儿园教育对象的幼儿首先是一个人，他们享有人的尊严和权利。没有对幼儿的尊重，就谈不上真正的教育。

（一）尊重幼儿的人格尊严

幼儿虽然年龄小，但是他们和教师之间的关系是平等的人与人之间的关系。陈鹤琴曾说过："小孩子有小孩子的意志，小孩子有小孩子的人格。成人应当尊重小孩子的意志，尊重小孩子的人格，任意把小孩子当作出气筒，这我们应当力予反对。"教师要将幼儿作为具有独立人格的人来对待，尊重他们的思想感情、兴趣、爱好、要求和愿望等。如果教师的言行中处处体现对幼儿的尊重，注意倾听幼儿的想法，尊重幼儿的意愿，就会使幼儿意识到他们在这个世界上是有价值、有能力、不可缺少的，从而建立起自信心，获得良好的自我概念，为自身的继续发展奠定基础。反之，教师如果随意呵斥、责备、惩罚幼儿，让幼儿常常感到委屈、羞辱，他们便会认为自己是无能的、被人看不起的，从而丧失基本的自尊与自信。这种消极的自我概念一旦形成，将会影响幼儿终身的发展。

（二）保障幼儿的合法权利

幼儿是不同于成人的正在发展中的社会成员，他们享有不同于成人的许多

特殊的权利。1989 年 11 月 20 日，联合国大会一致通过了保护幼儿的国际性法律文件《儿童权利公约》。《儿童权利公约》明确规定，幼儿生下来就是一个权利主体，他们拥有生存权、受教育权、发展权、参与权、受保护权等。这反映了人类对幼儿在社会中的地位和权利的认可与尊重。但是，幼儿毕竟是稚嫩、弱小的个体，他们对自己权利的行使还必须通过成人的教育和保护才能实现。家庭、学校、社会应当保障未成年人的合法权益不受侵犯。因此，教师不仅是幼儿的教育者，也应当是幼儿权益的维护者。

二、整体性和一致性原则

幼儿是一个完整的、能动的有机体，始终处于积极的活动中。幼儿会动员身体、智力、情感等各个方面的力量主动参与活动，与环境发生物质、能量、信息的相互作用，得到整体的、和谐的发展。幼儿身心的各个方面都是相互制约、相互促进的，统一于整体之中。任何一方面的孤立发展是不存在的，而人为地侧重于某一方面的培养、训练有可能破坏幼儿的整体和谐发展。

为了使幼儿个体得到整体、协调的发展，幼儿园的课程和教学活动需要贯彻整体性、一致性的原则。

（一）保证学前教育目标的整体性

促使幼儿德、智、体、美、劳全面发展的要求都体现于教育目标中，这些方面相互紧密联系，完整地作用于幼儿个体。无论是编制课程，还是实施教学，都要全面考虑，平衡处理各教育目标之间的关系，任何厚此薄彼的做法都会影响幼儿的整体发展。

（二）保证教育目标与内容、原则、方法、实施过程的整体性和一致性

教育目标是课程和教学的核心。课程和教学的实施都以教育目标为出发点，围绕教育目标进行教育和教学；偏离教育目标，将直接影响教学质量。而内容的诸多方面、各个原则、多种方法及实施过程中的诸因素等都具有自身的体系，也都相互作用、相互补充，同样需要保持整体性和一致性，这样才能达到预定的教育目标。

（三）保证集体教学活动的设计和实施的整体性和一致性

对于课题的提出、目标和过程的组织、情境的设置、方法的实施等，教师要精心策划、周密思考、合理实施，以保证其整体性和一致性。任何偏离目标和“走题”的现象，都会影响教学质量。

三、面向全体，注重个别差异的原则

教育过程中，教师在关注全体幼儿的同时，还应重视幼儿的个别差异，因人施教，有针对性地采取最有效、最合理的方式促进每个幼儿的发展。例如，在艺术活动中，教师既要面向全体幼儿进行全面整体的指导，又要针对幼儿的不同特点和需要进行个别指导，以使每个幼儿都能得到美的熏陶和培养。对于一部分有艺术天赋的幼儿，还要注意提供更多的机会去发掘他们的艺术潜能。幼儿教育只有关注每个幼儿的个别差异，创造机会使每个幼儿都能发挥出自己的优点和特长，才是成功的。

（一）教育要促进每个幼儿的发展

教育必须面向每个幼儿，使每个幼儿都能达到教育目标的要求。常常有这样的情况：有的教师只关注学习好、能力强的幼儿，不关注那些表现普通、发展一般的幼儿。要保证每个幼儿有同等的受教育机会，教师必须平等地、一视同仁地对待所有的幼儿。

（二）教育要促进每个幼儿在原有基础上有所发展

面向全体，使所有的幼儿都得到发展，并不是要求所有的幼儿都达到同等水平，也不是要求每个幼儿在所有方面都达到同样的高度。由于每个幼儿的需要、兴趣、性格、能力、学习方式等有不同的特点，因此，必须考虑每个幼儿的特殊需要，因人而异地进行教育，使每个幼儿都能发挥优点和特长，在原有的水平上得到应有的发展。

（三）幼儿的发展是有个性的发展

教育除了要使每个幼儿达到国家统一的标准之外，还应当根据每个幼儿的特点，使他们充分发挥自己的潜能，让幼儿在不同的方面有特色地发展，而不是千人一面。

（四）多种组织形式促进幼儿的发展

在我国，集体活动是教育机构进行教育的主要组织形式，而小组活动、个别活动相对较少，这样不利于充分满足不同幼儿的不同需要。因此，应注意在教育中灵活地使用集体活动、小组活动、个别活动的组织形式。面向全体与照顾个别差异的集体活动是不可分割的两个方面，是在各种组织形式的活动中统一实现的。不重视个别差异的集体活动是不可能真正面向全体的。

四、直观性原则

直观性原则是指在教学中要通过让幼儿观察所学事物，或教师用语言形象地描述，引导幼儿形成对所学事物、过程的清晰表象，丰富幼儿的感性认识，从而使他们能够正确理解知识和发展认知能力。

贯彻直观性原则的基本要求如下。

（一）正确选择直观教具和现代化的教学手段，并根据教学的目标、内容和幼儿的年龄特点正确运用。

（二）观察与讲解相结合。教师通过提出问题，引导幼儿把握事物的特征，并通过讲解以解答幼儿在观察中遇到的疑难问题。

（三）重视运用语言的直观作用。教师用语言进行生动的讲解、形象的描述，能够使幼儿形成生动的表象或想象，这也是贯彻直观性原则的措施。

五、启发性原则

启发性原则是指在教学中教师要尊重幼儿学习的主体地位，注意调动幼儿的学习主动性，引导他们独立思考、积极探索和生动活泼地学习，引导他们自觉掌握科学知识，提高分析问题、解决问题的能力。

贯彻启发性原则的基本要求如下。

（一）树立正确的幼儿观，承认幼儿是教学活动的主体，让幼儿成为学习活动的主人。

(二)充分调动幼儿的学习积极性和主观能动性。

(三)创设问题情境,引导幼儿学会怀疑和学会思考。

(四)注意建立平等的师生关系和生生关系,创造和谐的教学气氛,鼓励幼儿发表自己的独立见解,表达自己的心声。

六、巩固性原则

幼儿积累经验、储存信息、掌握简单的技能是发展智力、进行活动的必要前提,也是入学后学习系统的科学文化知识需要具备的条件。但幼儿期大脑皮层形成的新的、暂时的神经联系是不够稳定的,为了使幼儿学习到的知识与技能得到积累,在教学中需贯彻巩固性原则。

幼儿所获得的知识与技能的巩固程度同幼儿学习时的兴趣、态度,所获取的知识是否属于第一手经验,以及幼儿的理解程度具有密切的关系,巩固知识与技能有赖于幼儿对已学的知识与技能的不断练习、多次重复和在实际活动中对知识的迁移运用。

因此,首先,在学习新知识、新技能时,教师要注意激发幼儿的兴趣,引导他们主动、积极地作用于客体,给予适当的学习内容,使其及时理解,并得到及时巩固。其次,要创造条件,给幼儿运用已学知识与技能的机会,还要指导幼儿在学习新知识时联系已有的经验。

需要强调的是,此原则是倡导幼儿在较自然的条件下复习原有的知识与技能,并对已学习的内容加以巩固,要尽力避免单调、机械地重复。

七、综合利用各种资源的原则

必须认识到幼儿自身、幼儿群体,以及家庭、社会都是珍贵的教育资源,要充分发挥这些教育资源的教育作用。

教育资源存在于幼儿的生活中。在家庭、社会、教育机构、街道、市场、田野,在幼儿自身和幼儿群体中,在看电视、听广播、交谈、做游戏、旅游等各种活动中,都存在着丰富的教育资源。这些资源都会对幼儿发挥强大的影响作用,其广泛性、灵活性、多样性、及时性是学校教育难以比拟的。幼儿教育如果局限在学校内,不仅会造成教育自身的封闭、狭隘,而且会造成教育资源的极大浪费。教师应当有意识地去开发、利用这些资源,如与家庭、社区合作,充分利用幼儿的经验和幼儿之间的相互影响,利用大众媒体等,使学校教育更丰富、更有效。

以上原则都是彼此联系、相辅相成的。教师必须在理解各原则的实质和它们之间的联系的基础上,结合教学特点和幼儿的实际情况,全面、正确地加以运用,以提高教学质量。

第二章 幼儿园课程的编制

课程编制是指完成一项课程计划的整个过程，它包括确定课程目标、选择和组织课程内容、实施课程和评价课程等阶段。课程编制是在基本的价值取向指导下进行的，价值标准经常作为制定课程决策的出发点。

课程计划是根据一定的教育目的和学校的性质、任务对一定学段的课程进行总体设计的课程文件，课程计划又可以称为课程方案。幼儿园课程计划是幼儿园依据一定的价值取向，根据本园的实际状况和资源条件，对课程的各要素（目标、内容、组织实施、评价等）进行选择、决策而编制成的一份书面计划，用以指导幼儿园教育教学。幼儿园课程计划是幼儿园在一定时期内实施教学和进行课程管理的依据，也是幼儿园课程实施与管理的行动纲领。

第一节 幼儿园课程的编制模式

20 世纪以来，影响幼儿园课程编制的模式主要有两种，一种是目标模式，另一种是过程模式。20 世纪 70 年代以来，西方课程研究开始超越以"泰勒原理"为代表的具有理性主义特征的"课程开发范式"，走向"课程理解范式"，即把课程当作一种多元文本来理解的研究范式。人们不再以线性的思维方式赋予课程以可预测性、稳定性、受外部控制性和封闭性，而是把课程看作一种动态的、开放的、师生不断构建意义的生成过程。这种研究范式的转变使课程编制发生了质的变化：现代课程改革背景下的课程编制逐渐改变一味以目标模式为中心的方法，开始注重过程模式。

一、目标模式

目标模式是一种应用科学管理的原则建立的、在课程实践中产生广泛影响的课程范式。它是指以目标为课程编制的基础和核心,围绕课程目标的确定及其实现、评价进行课程编制的模式。具体而言,就是先预设具体的行为目标,然后根据目标设计和组织课程内容,教学就在于使这些内容能为学生所"复制",最后达到预期的结果。在这一模式下,课程被看作实现教育目标的手段,认为只要确立了"精确无误"的课程目标,教学的最佳效果就能实现。目标模式又叫"工学模式",因为学校就像一个加工厂,可根据特定的需要将学生塑造成某种"产品"。

在我国幼儿园课程领域,幼儿园课程编制长期以来是这样运作的:课程编制时强调以课程目标为导向选择课程内容、组织教育活动和实施教育评价;强调课程目标在纵向和横向上的分解和细化,如强调课程目标在时间单元上的纵向分解,将学年目标分解为学期目标,将学期目标分解为月目标,将月目标分解为周、日目标等,同时强调课程目标在领域上的横向分解,将总体课程目标分解为健康、语言、科学等方面的目标;此外,还强调根据课程目标是否落实和达成来评价最终的教育结果等。这样一些做法是典型的课程编制目标模式的实践。可见,目标模式对我国幼儿园课程的编制产生了深远的影响。

从 1949 年美国学者泰勒的《课程与教学的基本原理》出版以来,目标模式一直被列为课程探讨入门的基本框架,它确定了课程编制的基本思路,因此得到了高度的重视和运用。目标模式的优点表现在以下几个方面:第一,课程结构清晰。目标模式下以课程目标为统领,使课程内容的选择和组织以及课程的评价都有一个中心。第二,课程目标明确、具体。目标模式下的课程目标几乎等同于行为目标,而行为目标的表述方式使目标明确、清晰,使教师在组织教育活动时很清楚自己应该干什么,操作性强。第三,课程评价简单易行。目标模式提供了判断教育成功与否的明晰的准则,即课程目标的达成程度,从而使课程评价的程序相当简单易行。由此,课程的编制和运作成为一个具体化和结构化的操作程序。

但课程编制中,目标模式的局限也是很明显的。

第一,目标的分解和细化与儿童经验的完整性、系统性相矛盾。目标模式下课程目标被分解成各个独立的部分，儿童的学习经验被割裂开来，而儿童对世界的认识和经验的获得方式却是整体的。

第二，重视结果，轻视过程。行为目标指向对课程与教学过程的有效控制，企图把幼儿园课程开发、教育活动设计和儿童的学习过程变为一个可预先决定和操纵的机械过程，而人的行为是富有创造性的，具有很大程度的不可预知性。这种做法就把目标与手段、结果与过程间的有机联系割裂开来，同时也抹杀了课程实施过程中幼儿的创造性以及主体地位，无法顾及幼儿的兴趣、需要和能动性以及幼儿之间的个体差异，表现出重视结果、轻视过程的特点。

第三，课程目标以儿童的行为来确定，课程就会只关注儿童可观察到的行为变化，无法顾及很难用外显的、可观察的行为来预先具体化的情感、态度、价值观等心理素质，而这些无法观察到的心理素质对儿童来说，往往是更有价值的东西。

第四，目标模式只根据儿童的行为变化来衡量课程，必然会导致评价目的局限于评出儿童的优劣，而不在于改进课程编制的方法。

二、过程模式

针对目标模式的弊端，过程模式应运而生。过程模式是由英国著名课程论专家斯腾豪斯系统确立的，斯腾豪斯对过程模式的建构是从对“泰勒原理”的批判开始的。在 1975 年出版的《课程研究与开发导论》一书中，斯腾豪斯从一个课程设计者的视角对目标模式的课程编制理论进行了详尽而透彻的分析与批判，客观地指出了其贡献与局限。在此基础上，斯腾豪斯建立起过程模式的理论框架。

斯腾豪斯基于“教育的使命就在于使人变得自由，更具有创造力”的理念，认为课程编制应把目的作为过程标准和程序原则加以阐明，而不是转化成行为学习目标。斯腾豪斯认为，把目标模式普遍应用于课程开发存在两个基本障碍：一是目标模式误解了知识的本质。目标模式把知识视为一种统治与控制的工具，而知识的本质在于通过知识的运用进行创造性思维。因而，课程应该考虑知识中的不确定性，鼓励个体化的、富有创造性的学习。二是目标模式误解了改善课程实践的过程的本质。斯腾豪斯认为，目标模式的做法是一种通过使目标明晰化而改善实践的尝试。这种做法在逻辑上是合理的，但却不能改进实践。改进实践的过程应依靠教师发现自己教育实践中的问题，并提出解决问题的办法而得以实现。因而，课程实践理想的做法应该是帮助教师改进教学方法，发展他们在课程实践中的批判、反思意识和能力。这便是斯腾豪斯的过程模式的宗旨。

过程模式的教育观认为，学生的行为结果是无法预测的，教育应当引导学生去探索知识，让学生的学习过程变得更自由，更具创造性。过程模式的知识观认为，有价值的知识必然是思辨的，因而学生的学习结果是不确定的。过程模式建立的方法论受发展心理学的影响，其认为儿童不是知识的被动接受者，而是知识的主动探究者，学习过程是个体能动地与外界环境交互作用的过程。斯腾豪斯在他指导的“人文学科”课程设计中，尝试采取了过程模式的课程编制方式。他认为，课程的研究和编制不应当按照某些事先决定的行为目标制定出一套方案，课程是在教学过程中展开的，是一个动态的、持续的过程。因此，课程不是以预先规定好的外在目标和结果为中心，而是以过程为中心，即要确立“过程原则”，强调过程本身的教育价值。课程是一个师生共同探讨的过程，是一个连续不断展开的过程，它与宽泛的“教育目的”保持一致。“过程原则”的本质在于鼓励教师对课程实践的反思批判和发挥创造。斯腾豪斯主张“教师即研究者”，认为教师是课程开发的主体，因此，教师必须从事课程研究和编制工作，把教学与教育研究结合起来。

过程模式并不是不要课程目标，只不过课程目标的表现形式具有自身的特点。与目标模式相比，过程模式的目标是生成性的，更多地表现为教育过程中各阶段的方向或教育情景的产物，这样教师的注意力便不是集中在固定目标的达成上，而是集中在教育过程与目标之间逻辑一致的程度上。如斯腾豪斯的“人文学科”课程就把课程计划的一般目的确定为：加深理解人类行为和社会情景及其引起的有争议的价值问题。在这一目标下，他设计了若干原则去保证过程与目标在逻辑上的一致性，如应该在课堂上与学生一起研究有争议的问题，主要的方法应是讨论，而不是讲授，讨论时应保护参与者不同的观点，而不是试图达成一致的意见等。

此外，从具体表述上看，过程模式的目标是一般性的、宽泛的目标，而不是具体的、细致的行为目标。如“认识身体主要部分的外部特征，体验它们的作用”的目标表述比目标模式下的行为目标“知道眼睛的名称和它观察事物的功能，知道嘴巴的名称和它辨别食物味道的功能，知道耳朵的名称和它分辨不同声音的功能”更具有一般性和宽泛性。

最后，过程模式的目标并不构成最后的评价依据，是非行为性的，主要功能是概述教育过程中可能出现的各种学习结果，并使教师明确教学过程中内在的价值标准及总体要求，而不指向对课程实施的最后结果的控制。

随着幼儿园课程改革的进行，我国幼儿园教育工作者开始意识到课程编制目标模式的弊端，逐渐受到过程模式的影响，并将其落实在具体的课程编制中。如淡化课程目标的预设，对预设的目标采取灵活的态度，认为目标只起短暂的作用，可以不断修正，即强调根据儿童的实际情况，灵活地调整课程目标，并注重生成性目标，以更好地促进儿童的发展。同时，淡化教师在课程实施中的计划性和控制性，注重儿童活动的过程，更多地根据儿童的兴趣和需要组织活动，尊重活动过程中儿童的选择和创造。此外，淡化根据客观标准对课程进行的总结性评价，强调过程性评价，注重评价过程中教师的自我评价和自我反思。最后，在课程编制的目标表述上，淡化行为目标，采用宽泛的过程性目标。以上这些指导思想和做法都受到过程模式的基本思路的影响。

过程模式具有开放的设计思路，在一定程度上弥补了目标模式的局限性，否定了目标模式在确立和表述课程目标时的行为主义和机械主义偏向，把课程编制建立在实际的教育情境基础上，强调学习者的主动参与和探究学习，重视儿童思考能力和创造力的培养，使课程编制更趋于成熟和完善。

但是，过程模式自身也存在一定的局限性。首先，过程模式虽诊断出了目标模式的“病症”，提出了很好的课程编制的思想，但未能开出更为理想而全面的或更为对症且有效的“药方”，在课程编制的程序设计上没有提出一个更为明确的方案，没有具体说明行动方式，因此，操作性差成为这种模式的致命缺陷。因为只强调过程，似乎使人们只能“跟着感觉走”，让人感到难以把握，容易陷入不知所措的困境之中。其次，过程模式由于没有相对明确的标准，因此设计、实施和评价过程带有一定的主观性，缺乏科学性、计划性和系统性。再次，过程模式中“教师即研究者”的口号赋予教师过于理想化的角色，运用过程模式编制的课程对教师的素质要求极高，需要教师领会和把握课程所要实现的价值的核心，并能在组织学生活动的过程中灵活自如地利用各种情景，充分利用各种教育资源。但由于教师很难达到这样的要求，因此该课程模式不易被推广。

总之，课程编制的目标模式和过程模式各有利弊，过于绝对地排斥某一种模式是不适宜的，它们完全可以在幼儿园课程编制中各施其长，共存并用。课程不仅要依据一定的内容、计划而展开，更要关注在教学情境中师生相互作用而生成新的目标与内容，因此，为体现课程的计划性，同时反映课程的动态性、灵活性和开放性，幼儿园课程编制要处理好目标结构与编制过程之间的关系。在幼儿园课程编制时，要采用综合设计的思路，即将目标模式和过程模式结合起来，建立一定的互补关系。编制课程时要做到：既有目标的统一性，又不限制幼儿的主动性；既有明确细致的目标，又有一般的、宽泛的目标；既有行为目标，又有生成性和表现性目标。这样，才能最终达到课程编制的科学性和艺术性之间的平衡。

第二节　幼儿园课程目标及其制定

课程目标是构成课程的第一要素。课程内容的设计和课程的实施，基本上是以人们对课程目标的把握和变通为重要前提的；课程评价的实施也是以课程目标的实现程度和水平为重要依据的。可以说，课程目标的制定与实现贯穿课程设计与实施的全过程。

一、幼儿园课程目标的含义与作用

（一）教育领域中不同层次的目标

教育领域中的目标有不同的层次，最上位的概念是教育目的。教育目的是指教育的总体方向，它体现的是普遍的、总体的、终极的教育价值，以提高国民素质为根本宗旨，以培养学生的创新精神和实践能力为重点。造就有理想、有道德、有文化、有纪律的德、智、体、美等全面发展的社会主义事业建设者和接班人，这是我国当前对教育目的的表述，它阐明了培养人才的规格和方向。可见，教育目的是对受教育者总的要求，是教育活动的出发点和归宿，它是教育实践活动的第一要素和前提。

教育目标是教育目的的下位概念，它所体现的是不同性质的教育和不同阶段的教育的价值，如幼儿教育、中等教育、高等教育等分别具有不同的教育目标。我国《幼儿园工作规程》所规定的幼儿园教育目标为，对幼儿“实施德、智、体、美等方面全面发展的教育,促进幼儿身心和谐发展”。

课程目标是现代课程理论中一个十分重要的概念,是指通过具体的教学内容和教学活动使学生在某一时间内将发生的性质不同和程度不同的变化结果。它是教育目标的下位概念,是教学目标的上位概念,介于教育目标和教学目标之间,起着桥梁的作用。课程目标在教育目标的制约下,具体体现课程开发与教育活动的价值取向。

教学目标是教学活动预期达到的结果,是学生学习以后预期产生的行为变化,表现为对学生学习结果及终结行为的具体描述,具有指引教学方向、指导教学结果的测量与评价、指导教学策略的选择和运用以及指引和激励学生的学习等功能。教学目标是课程目标的载体,是课程目标的具体化,只有将课程目标转化为一系列具体的可操作的教学目标,课程目标才能得以落实,通过一系列教学目标的达成,课程目标最终得以实现。教学目标是教师根据学生实际制定的微观层次的目标。教学目标可以因学校、教师、学生的实际情况的不同而不同,并可以随时调整,所以说,教学目标是具体的、个性化的。

教育领域中的目标,一般来说,越下位的目标应越具体、明确,从上位到下位是一个从一般、概括向具体、可操作转化的过程。

目前,国内的课程专家也主张课程目标与教学目标不必做过分明晰的划分。因此,以下所涉及的课程目标中包括教师所制定的教育活动目标。

(二)幼儿园课程目标的含义

关于课程目标,国内外使用的相关术语、概念比较多,最早提出“课程目标”的学者是美国的博比特。他认为课程目标指的是儿童需要掌握和形成的能力、态度、习惯和知识的形式。从众多的术语概念来看,中外学者均把课程目标理解为一定学段的学校课程力图最终达到的学生发展的标准。

因此,我们认为,幼儿园课程目标的含义就是幼儿园课程促进幼儿的身心发展所要达到的预期结果。它包含三个要点:一是时限,即幼儿园阶段,包括从起点(2—3 岁)到终点(6 岁)的年龄期限;二是幼儿在这一阶段最终的发展状态和发展水平,发展状态表明幼儿的整体素质是否得到全面、主动、和谐的发展,发展水平则是指幼儿基本素质的发展所达到的高度;三是社会的期望,即课程要符合社会和时代发展的要求,它是决定幼儿发展状态和发展水平的依据之一。

为了深刻把握课程目标的含义,必须注意区分年龄特征和课程目标。年龄特征指的是各年龄段儿童的身心发展的一般特点,幼儿在各年龄阶段,其生理、心理发展具有各自显著的特点。年龄特征是制定课程目标的重要依据,不是课程目标本身;年龄特征是幼儿的现有发展水平,课程目标是课程所要努力的方向。由于概括的是各年龄段儿童身心发展的一般的、共同的特点,不能很好地反映个体差异,不能反映出幼儿的现实发展状况,所以年龄特征总体是一种标准化、普适性的目标,它可以作为教师观察、了解、把握一定年龄段幼儿特点的参考指标,可作为制定课程目标的重要依据,但不宜作为具体课程实施中的目标,因为其表述是宽泛的、概括的,其指向的幼儿是抽象的、静态的,而课程目标则要求具有一定的细致性和可操作性,其指向的幼儿都是具体的、动态的、不断发展变化的个体。教师可利用年龄特征进一步去观察、了解自己的教育对象,制定出符合本班幼儿需要和实际发展水平的课程目标。如大班幼儿的年龄特征有创造欲望比较强烈、象征性游戏趋于成熟、表现与表达方式多样化,它概括了5岁这一年龄段的幼儿在创造力及表达、表现发展水平方面的一般的、共同的特点。从这一特征出发,教师可以观察、了解本班幼儿的实际情况是否与这一特征相符,有多少幼儿是符合的,有多少幼儿在这方面还达不到一般水平或已超越一般水平,从而结合本班幼儿的实际发展情况制定出适宜的课程目标,以此来指导课程实施。

(三)幼儿园课程目标的作用

从某种意义上说,人与动物的区别之一,在于人的行为都是有目的的。换言之,人在行动之前,便对行动结果有了某种预期。所以,如果课程目标不明确,幼儿园教师就会根据各自的理解自行实施课程,教育实践就有盲目性,很难保证课程都围绕国家规定的学前教育目标来运作。目标是行动的指南,只有在明确的课程目标的导引下,才能保证促进幼儿身心和谐发展这一教育目标的最终实现。

幼儿园课程目标是学前教育目的的具体化,是幼儿园课程设计的指南,是幼儿园课程的首要成分。幼儿园课程目标在幼儿园课程中处于核心位置,它直接为课程内容的选择和组织提供依据,并为课程实施和课程评价提供基本准则。课程目标具有标准功能,即课程目标一旦确定,便成为课程评价的标准,这样幼儿园课程的其他要素就与课程目标统一起来,成为一个有机的整体。

二、幼儿园课程目标的层次与结构

对具体的幼儿园课程实践而言，幼儿园课程目标有着不同的层次和结构。

完整的课程目标应该包括宏观、中观和微观三个层次的目标。宏观目标是国家、地方对基础教育课程内部运行系统的整体要求，对课程改革与发展具有明确的指导性和规定性，反映国家对学生成长的总体要求。中观目标是幼儿园层面根据国家、地方的要求和幼儿园的实际，将观念层面的课程目标具体化，使之具有较强的针对性和可评价性。微观目标就是具体各年龄阶段、各单元目标（包括学期目标、月目标等）和教学目标，它可以使课程目标更具可操作性。

根据以上的思路，结合幼儿园自身的特点，幼儿园课程目标从纵向角度而言，一般分为五个层次：第一层次为国家、地方幼儿园课程总目标，第二层次为幼儿园课程总目标，第三层次为年龄阶段目标（学年目标），第四层次为单元目标（学期目标和月目标等），第五层次为具体教育活动目标。

从时限来看，幼儿园课程目标涵盖了中长期的目标和短期目标；从表述特点来看，幼儿园课程目标既包括了概括性的目标，也包括了具体化的目标。

（一）国家、地方幼儿园课程总目标

国家、地方规定的课程总目标是一个国家、一个地区制定的宏观层次的课程目标，一般在国家、地方的教育纲要、课程指南等纲领性文件中有所体现，它是一种相对比较宏观的、概括的、抽象的长期目标。国家、地方幼儿园课程总目标一经制定，便不会随意变动，所以说，课程目标是统一的。幼儿园课程的总目标广义上是指《幼儿园工作规程》中所规定的幼儿园保育、教育目标，如《幼儿园工作规程》第一章第五条规定幼儿园保育和教育的主要目标是：

1. 促进幼儿身体正常发育和机能的协调发展，增强体质，促进心理健康，培养良好的生活习惯、卫生习惯和参加体育活动的兴趣。

2. 发展幼儿智力，培养正确运用感官和运用语言交往的基本能力，增进对环境的认识，培养有益的兴趣和求知欲望，培养初步的动手探究能力。

3. 萌发幼儿爱祖国、爱家乡、爱集体、爱劳动、爱科学的情感，培养诚实、自信、友爱、勇敢、勤学、好问、爱护公物、克服困难、讲礼貌、守纪律等良好的品德行为和习惯，以及活泼开朗的性格。

4. 培养幼儿初步感受美和表现美的情趣和能力。

有时保育和教育目标会转化为与课程内容领域结合更紧密的课程领域目标。如2001年,我国教育部颁布的《幼儿园教育指导纲要(试行)》中规定的幼儿园阶段的课程领域总目标如下。

健康:

1. 身体健康,在集体生活中情绪安定、愉快;
2. 生活、卫生习惯良好,有基本的生活自理能力;
3. 知道必要的安全保健常识,学习保护自己;
4. 喜欢参加体育活动,动作协调、灵活。

语言:

1. 乐于与人交谈,讲话礼貌;
2. 注意倾听对方讲话,能理解日常用语;
3. 能清楚地说出自己想说的事;
4. 喜欢听故事、看图书;
5. 能听懂和会说普通话。

社会:

1. 能主动地参与各项活动,有自信心;
2. 乐意与人交往,学习互助、合作和分享,有同情心;
3. 理解并遵守日常生活中基本的社会行为规则;
4. 能努力做好力所能及的事,不怕困难,有初步的责任感;
5. 爱父母长辈、老师和同伴,爱集体、爱家乡、爱祖国。

科学:

1. 对周围的事物、现象感兴趣,有好奇心和求知欲;
2. 能运用各种感官,动手动脑,探究问题;
3. 能用适当的方式表达、交流探索的过程和结果;
4. 能从生活和游戏中感受事物的数量关系并体验到数学的重要和有趣;
5. 爱护动植物,关心周围环境,亲近大自然,珍惜自然资源,有初步的环保意识。

艺术:

1. 能初步感受并喜爱环境、生活和艺术中的美;
2. 喜欢参加艺术活动,并能大胆地表现自己的情感和体验;

3. 能用自己喜欢的方式进行艺术表现活动。

（二）幼儿园课程总目标

幼儿园课程总目标指在幼儿园层面指导本园课程实施和评价的课程总目标。由于国家、地方规定的课程总目标相对比较宏观、概括、抽象，在幼儿园具体的课程实践中应进行进一步的分解。幼儿园可以根据宏观的国家或地方所规定的课程总目标，制定出适合本幼儿园实际的园级课程总目标。

幼儿园制定的课程总目标要具有一定的系统性，要明确幼儿园课程与学前教育目的、教育目标之间的衔接关系，以确保这些要求在幼儿园课程目标中得到体现。幼儿园课程目标的上位概念是学前教育目的及学前教育目标，因此在制定幼儿园课程总目标时要以这两者为参照，满足上位目标对下位目标的要求。

（三）年龄阶段目标

一般来说，幼儿园课程总目标概括性较强，也较为宏观，可操作性较差。为发挥课程目标对教育活动的指导作用，在幼儿园课程总目标的引领下，还需要幼儿园根据幼儿的年龄特点，制定出每一年龄阶段的分目标，一般包括托班、小班、中班及大班四个年龄层次。由于年龄阶段目标是在一个学年中完成的，所以年龄阶段目标又可称为学年目标。年龄阶段目标是幼儿园课程总目标在幼儿园四个不同年龄段的具体分解和落实。

如某幼儿园制定的2—3岁年龄阶段（托班）的课程目标为：

1. 乐意接受洗手、洗脸、洗澡、理发、剪指甲等日常清洁要求。

2. 会用勺子进餐，用杯子喝水，安静地入睡，学习如厕，有独立做事的愿望。

3. 逐渐适应集体生活，情绪愉快，亲近老师，能随老师、同伴一起活动。

4. 乐意与熟识的人打招呼，会说“早”“再见”“谢谢”等礼貌用语，并会用语言表达自己的需求。

5. 知道自己的姓名、年龄、性别和身体的主要部分，并能听从成人有关安全的提示。

6. 努力协调走、爬、钻等基本动作，能坚持走完力所能及的短途路程。

7. 能随意地活动身体，体验在自然环境中活动的乐趣。

8. 乐意用感官感知生活中接触到的动植物、沙、石、水、土等自然物质。

9. 对于周围生活中的各种声音和常见的各种形状、颜色的物品，能觉察其声响、颜色、大小、多少等明显的不同。

10. 能认识生活中与衣、食、住、行相关的基本物品。

11. 乐意接触一些婴幼儿艺术作品，愿意用声音、动作等方式自由表达。

12. 能学讲普通话，喜欢听、讲熟悉的内容。

13. 喜欢摆弄玩具、发响器具、简单的美术工具和材料，会跟着老师有兴趣地唱跳、敲打、涂画、撕贴、搓捏等。

除了总体的年龄阶段目标外，为了便于操作，有时幼儿园还会有一系列相互联系、逐步递进的涉及各个领域的年龄阶段目标，将年龄阶段目标按领域进行分解。如某幼儿园的科学领域的年龄阶段目标为：

小班：观察周围自然现象的明显特征，并获取粗浅的科学经验。

中班：了解四季的特征及其与人们生活的关系，观察简单的自然现象，获取感性经验。

大班：获取有关季节与人类、动植物、环境等的关系的感性经验，形成春、夏、秋、冬四季的初步概念，探索周围生活中常见的理化现象，获取有关的科学经验。

（四）单元目标

从年龄阶段目标出发，为了使目标更具指向教育活动方向的作用，使幼儿园教育活动在预定的轨道上进行，促进幼儿的预期发展，年龄阶段目标会进一步细化为单元目标。

单元目标主要从时间上进行分解。幼儿园教师根据时间单元，结合本班的实际，把学年目标落实到具体时段上进行操作，便有了学期目标、月目标或周目标。在具体的课程实践中，各幼儿园会根据实际情况灵活决定是使用月目标还是周目标，或是两种目标都采用。不论采用何种形式，课程目标分解的最终目的都是使目标具体化，能更好地指导教师的教育实践。

（五）教育活动目标

教育活动目标是指某一教育活动所期望达到的效果，是单元目标的进一步细化。教育活动目标的特点是具体、可操作性强，是一种真正能指导幼儿园教师实施一天中各类教育活动的微观层次的目标。

三、幼儿园课程目标的制定

作为教育核心的课程在运行过程中具有一定的严肃性和规律性,这种严肃性和规律性首先表现在课程目标的确立上。课程编制者只有制定明确的、科学的课程目标,课程实施者才会有正确的方向和科学的行动,最终实现课程的育人价值。反之,如果课程目标制定得不明确、不科学,课程实施就可能陷入混乱状态。

(一)幼儿园课程目标制定的过程

1.确定幼儿园课程目标的依据

在具体制定幼儿园课程目标之前,首先必须弄清楚的一个基本问题是:幼儿园的课程目标到底依据什么来制定?教育学家、课程理论专家泰勒在《课程与教学的基本原理》一书中,把学习者的需要、当代社会生活的需求和学科的发展并列为课程目标的三个来源。虽然泰勒只是将这三个来源机械地罗列起来,没有探讨三者之间的关系,但是这三个方面此后却成了课程开发的三个维度,成了确定课程目标的依据和制约课程的三个因素。在后现代教育、后现代课程的历史背景下,对于如何确立适应时代要求的课程目标,国内外教育专家的意见几乎一致:就课程目标的客观依据而言,从单纯的"学科中心"转向了兼顾社会需要、学科体系和学生自我发展的实际,主张把三者辩证地结合起来。就课程目标的主观依据(即所培养的学生的角度)而言,不再单纯以传授学生知识为宗旨,而是主张知识、能力和素质三个方面的全面发展。课程实践证明,无论忽视哪一个要素,或者无论偏重哪一个要素,都会使学校课程失去平衡,以致不能完整、全面地实现教育的培养目标。总之,课程目标的制定是对制约课程的三个因素的科学整合。

因此,幼儿园课程目标制定的依据,特别是幼儿园课程总目标制定的依据,主要有三个方面:对儿童的研究、对社会的研究和对知识的研究。课程目标的一个基本职能是要促进幼儿的身心发展,而要促进幼儿发展就必须对幼儿进行研究,了解幼儿的身心发展特点、兴趣、爱好和需要等。要确立适宜的课程目标,幼儿园还有必要研究社会需要。社会需要是指从幼儿所在的社区到一个民族、一个国家乃至整个人类的发展需求。通过对社会需要的研究可了解社会对人才素质的需求标准,对幼儿成长发展的期望和要求,从而来确定幼儿发展的方向,确定幼儿应当具备哪些素质,因为幼儿园是培养社会所需要的人才的基础教育机构。此外,为了培养社会所需要的人才,幼儿园要向幼儿传递人类社会长期以来所积累的、有价值的各领域的知识,因此,对知识的研究也应成为制定课程目标最主要的依据之一,即确定幼儿学习的领域,确定幼儿该获得和积累哪些基本经验。

2. 幼儿园课程价值取向及背景的筛选

由于每所幼儿园都有自己的教育哲学和办园宗旨,每所幼儿园的办园背景和条件也各不相同,因此,幼儿园还要结合自身的理念和特点对依据以上三个来源制定出的一般性的、概括性的课程目标进行进一步的筛选和具体化,确立与幼儿园办园宗旨和办园条件相符的课程价值取向,并在课程价值取向的基础上,确定真正适合本园的、个性化的幼儿园课程总目标。

(二)幼儿园课程目标的制定原则

幼儿园课程目标的制定原则是指导整个课程编制过程的最为关键的准则。由于制约课程目标的因素比较多,包括儿童、社会及知识等,幼儿园课程目标的制定也就显得十分复杂。从以上三个因素出发,幼儿园课程目标制定的具体过程要遵循以下基本原则。

1. 整体性原则

幼儿园教育的任务是对幼儿实施德、智、体、美、劳全面发展的教育,促进其和谐发展。全面发展的教育首先应体现在全面发展的课程目标上。因此,幼儿园制定的课程目标首先应具有整体性,应指向幼儿的全面、和谐发展。同时,为使幼儿德、智、体、美、劳每一方面发展落实在课程实践层面的具体教育活动中,课程目标的制定最好能兼顾认知、情感、动作技能等领域。此外,幼儿园课程目标还要依据学前教育的性质与特点,兼顾预设的目标与过程中生成的目标;既考虑可操作性、具体性的行为目标取向,又考虑生成性目标取向与表现性目标取向。

2. 连续性原则

幼儿园课程总目标的实现要靠各个层次课程目标的落实，为此，各层次的课程目标之间要协调一致，每个层次的目标都应该是上一层次目标的具体化。制定幼儿园课程目标时要防止目标之间出现脱节的现象，这样，才能保证目标的层层落实，最终实现总体的宏观课程目标。同时，连续性原则还指各年龄阶段的课程目标要相互衔接，体现儿童心理发展的渐进性与递进性特点。

3. 可行性原则

可行性原则是指幼儿园课程目标的制定应考虑到本地区、本幼儿园、本班幼儿的实际，课程目标通过各方面教育者的努力最终应当是可以达到的。因此，在制定幼儿园课程目标的过程中，一定要从实际出发，使课程目标可以有效导引课程的实施过程并且最终能够达成。

4. 时代性原则

教育是一种社会现象，不同国家、不同时代的教育都必然要反映该时代政治、经济、文化等方面的发展变化对教育的要求和对人才素质的要求。基于教育的这一特点，在制定幼儿园课程目标时，要关注时代的发展变迁，考虑时代对未来人才的要求。只有在充分考虑社会与时代对人才的要求的基础上，才能制定出符合社会与时代要求的、富有现实意义的课程目标。

当今时代的发展十分迅猛。面对这个富于挑战、日益变化的世界，每个人要有自信心、责任感，要具备捕捉信息、处理信息和创造信息的意识与能力，要有自主开拓创新和应变的能力，要有合作、竞争的精神和处理人际关系、组织协调的能力等。面对时代的发展与变迁，联合国教科文组织也提出，教育要培养学生四种基本的学习能力——学知、学做、学会共同生活和学会发展。为此，在制定幼儿园课程目标时，要充分考虑当今时代对人才素质的要求，如培养幼儿的责任感、创新能力、应变能力、处理人际关系的能力和团结、合作的精神等。

5. 方向性原则

幼儿园课程目标制定时，应依据《幼儿园工作规程》《幼儿园教育指导纲要(试行)》等国家、地方幼教法规，以国家、地方幼教法规文件中规定的宏观课程目标为指导,使课程目标符合人才培养的正确方向。

第三节 幼儿园课程内容的选择与组织

课程内容是实现课程目标的载体,课程内容要解决的是“教什么”或“学什么”的问题。什么内容最适合幼儿?学习哪些内容最有利于实现课程目标,使幼儿达到预期的发展目标?……这些都涉及如何对课程内容进行选择和组织的问题。课程内容的选择与组织是课程编制过程的一部分,是课程编制的基本环节之一。

一、幼儿园课程内容的含义与作用

(一)幼儿园课程内容的含义

什么是幼儿园课程内容?这一问题的答案,影响着幼儿园课程内容的选择与组织的逻辑形式。从总体上讲,幼儿园课程内容是根据幼儿园课程目标,有目的地选择的各种直接经验和间接经验的知识与活动体系。

(二)幼儿园课程内容的作用

幼儿园课程内容是构成幼儿园课程的基本要素,是幼儿园课程内在结构的核心成分,是实现幼儿园课程目标的手段。人们对幼儿园课程内容的选择和组织,反映了不同的幼儿园课程价值观、课程目标观。课程目标一旦有了明确的表述,就在一定程度上为课程内容的选择和组织提供了一个基本的方向。

课程内容的选择和组织,是课程编制过程中的一项基本工作。幼儿园课程内容与幼儿园课程目标相吻合的程度,决定了幼儿园课程编制者的课程价值取向能否实现。幼儿园课程内容的选择和组织首先涉及的是对课程内容选择取向的考虑。

二、三种不同的幼儿园课程内容选择取向

(一)课程内容即教材

在“知识本位”“学科中心”课程价值取向的影响下,一度出现了“课程内容即教材”的课程内容选择取向。

教材,又称教科书,是指以文字和图形等语言符号形式反映一定课程内容的教学用书,它是课程内容直接的物质载体。将课程内容看作教材的取向,是与将课程内容看作向儿童传递的知识这一观点联系在一起的,而知识的传递是以教材为依据的。将课程内容定义为教材,会使课程编制者较多地考虑知识本身的系统性和逻辑性,使之成为教学过程的基本材料;会使课程组织实施者在教学过程中注重通过教材这一载体,将系统的知识和技能传递给儿童。该取向认为,教材具有学术性、知识性、逻辑性和系统性,是课程内容选择的唯一可靠依据。教学,就是教师以教材为本,把这些由专家编制的、反映人类精华的知识传授给幼儿的过程。这种教材对教师而言具有绝对权威性,教师一般照搬照抄,被教材牵着鼻子走。

在幼儿园课程实践中,教材的作用虽然不像中小学教育阶段那样被突出强化,但是,这一课程内容取向在课程“学科说”定义的影响下,也曾经主宰幼儿园课程实践,人们一度把幼儿园课程内容用教材的形式加以确定和体现,强调系统的知识教学,强调教师应该向幼儿传授那些必要的、有价值的知识。

课程内容即教材的取向,认为课程内容是课程编制者确定的,教师主要研究教材,关注的问题是“使用什么样的教材”“如何把教材中的内容落实在具体的教学活动中”。因此,该取向的长处在于系统性与操作性强,使教师在课程实践中有据可依。

但是这一取向往往导致教师坐在办公室里参阅、选用已有的幼儿园教材,然后备课,制订教学计划,幼儿在课程实施中可能出现的反应、问题全凭教师自己的想法和经验进行假设。因此,该课程内容选择取向易使课程实施脱离幼儿的实际。而且学习内容是由教师事先规定幼儿必须接受的东西,所以对幼儿来说,不一定是自己需要和感兴趣的东西。正如杜威指出的那样,是让学生在他正高兴地尝着某些完全不同的东西的时候,吞下和消化一口不可口的食物。杜

威的分析说明,以教材规定课程内容,往往直接导致课程内容脱离幼儿的生活,脱离幼儿学习的动机和兴趣。

课程改革的进行,不断赋予了教材新的内涵。事实上,我们今天理解的教材更多的是教师手中的教学材料。一套教材不可能穷尽幼儿所能接受的内容。不同的教材编写者依据自己对教学理念的理解,对课程内容进行了不同的组织和选择,提供给教师一种教学的思路。可见,教材只是一种材料和资源,一种帮助幼儿学习的工具和载体,它起的只是媒介作用。从这种“教材观”出发,教师就不会认为教材是神圣而不容置疑的,不会一味跟着教材跑,而是根据本园、本班幼儿发展的实际,创造性地选择和运用教材,以充分发挥这种媒介的功能。

因此,从新的“教材观”出发,教材更可视为教师课程实施中的参考用书,而非唯一的依据。

(二)课程内容即学习活动

将课程内容看作学生的学习活动,通过活动分析法来确定和设计课程内容的倾向,早在斯宾塞时期就开始了。斯宾塞根据学生未来的五个生活领域,设计了一个比较庞大的课程内容体系,反映出课程内容即学习活动的课程内容选择取向。20 世纪以后,一些课程工作者如博比特、查特斯、塔巴等,主张通过研究成人的活动,识别各种社会需要,把它们转化为课程目标,再把这些目标转化成学生的学习活动,构成课程内容,这就是所谓课程内容设计的“活动分析法”。活动分析法被认为是课程内容选择的一种有效的方法,英国教育家怀特海就曾说:“教育只有一种教材,那就是生活的一切方面。”

从课程内容选择的角度看,活动分析法关注的不是向儿童呈现系统化的理论知识,而是让儿童积极从事各种活动,注重儿童外显的学习活动。在幼儿园课程编制中,该课程内容选择取向较多见。课程编制者设计和安排大量的活动,并让儿童在参与活动的过程中去探索和发现。例如我国教育家陈鹤琴创立的“五指活动”课程模式,就体现了此种课程的内容取向,该课程模式十分注重幼儿的活动,为儿童提供了五种活动内容,并鼓励幼儿在做中学,在做中求进步。

但课程内容即学习活动的选择取向强调外显的、动态的“活动”,似乎把课程内容等同于儿童的直接经验和探究活动,对于儿童内在的、深层次的心理活动和变化则关注较少。因此,课程内容即学习活动的选择取向也存在一定的缺陷。

(三)课程内容即学习经验

随着课程改革的深入,我们在对课程内容的认识上正逐步从关注文本转为关注幼儿,更多地认为课程内容应指向幼儿的生活经验、学习经验。

"学习经验"原本是教育学和心理学中一个常用的术语,泰勒使用这个术语,是为了区别于那些把课程内容等同于教材或学习活动的观点。在他看来,学习经验既不等同于一门课程所涉及的内容,也不等同于教师所从事的活动,而是指学生与外部环境的相互作用。因为学习是通过学生的主动行为而发生的,学生的学习取决于他自己做了些什么,而不是教师呈现了些什么内容或要求做些什么。所以,坐在同一课堂上的两个学生,可能会有两种不同的学习经验。他由此推断出教育的基本手段应是提供学习经验,而不是向学生展示各种事物。

学习经验是指儿童与外部环境之间相互作用所做出的反应。把课程内容视为幼儿的学习经验,有利于充分尊重幼儿在学习中的主体地位,认为幼儿是主动学习者,强调幼儿已有兴趣、需要和经验对理解、体验课程的作用,强调幼儿已有认知结构对课程内容的支配作用,因为知识的获得主要取决于儿童原有的认知结构,取决于儿童与外部环境之间有意义的相互作用。"以幼儿发展为本"的课程价值观和"促进幼儿和谐发展"的课程目标观,要求课程内容注重幼儿的生活经验,应与幼儿的心理结构相适应,应是幼儿能够理解和体验到的。正如一名幼儿园教师所言:"幼儿在什么时候进行什么主题活动并不重要,学什么、学多少也并不重要,重要的是必须围绕幼儿的经验选择课程内容、实施课程,让幼儿在主题活动的推进中、在课程的实施中,获得更多的对他们成长有意义的学习经验。"

在课程改革的背景下,课程内容即学习经验的取向对幼儿园课程内容选择的影响越来越大,幼儿园教师在选择课程内容时,重视幼儿原有的生活、学习经验,尽量让课程内容是幼儿能够理解和体验到的,强调幼儿已有兴趣、需要及知识经验对课程内容的支配作用。同时,教师可根据本班幼儿的兴趣、需要和经验,有针对性地、创造性地来选择、改编及生成课程内容。

三、幼儿园课程内容的选择

教师选择幼儿园课程内容时，应综合考虑课程内容选择的不同取向，遵循课程内容选择的原则，使课程内容真正符合幼儿的学习经验，达到实现课程目标和促进幼儿发展的目的。

（一）课程内容的不同选择取向对确定幼儿园课程内容的影响

课程内容的不同选择取向会对幼儿园课程内容的选择有重要的影响作用。

课程内容即教材的取向，能够使教师在选择课程内容时注重内容的基础性和逻辑性，但也容易使教师被教材牵制。在选择课程内容时，由于片面强调科学世界，忽视幼儿的兴趣和现实生活的需要，因此易使幼儿学习的知识缺乏现实感和实际意义，甚至背离幼儿健康发展的需求。

课程内容即学习活动的取向，能够使教师在选择课程内容时，以活动为中心来安排课程内容，关注幼儿活动中的兴趣和表现。但该取向容易使教师只注重幼儿外在的活动形式而忽略幼儿内在的心理需要和心理结构。

课程内容即学习经验的取向，能够使教师在选择课程内容时，不仅充分顾及幼儿的兴趣、需要和能力，同时更关注幼儿的经验。教师注重课程内容面向幼儿的生活，联系幼儿的生活经验，从幼儿的生活世界出发选择课程内容，并注重环境的创设，使课程内容能通过儿童与环境之间有意义的交互作用而被儿童理解和内化。正如《幼儿园教育指导纲要（试行）》中明确强调的，幼儿园应为幼儿提供丰富的活动环境，使他们在快乐的童年生活中获得有益于身心发展的经验。但课程内容即学习经验的取向由于经验具有的主观性和个体差异性的特点，会增加教师选择课程内容的难度，可操作性相对较差。

（二）幼儿园课程内容的选择原则

课程内容是为课程目标服务的，是以促进幼儿的身心和谐发展为最终目的的。在“课程内容即学习经验”取向的指导下，幼儿园课程内容的选择还应遵循以下原则：

1. **目标达成性原则**

幼儿园课程内容的选择应与课程目标所设定的价值体系保持一致,使选择的课程内容有助于实现课程目标。为此,教师选择课程内容时要明确指向课程目标,要考虑所选择的内容是否能实现预期的课程目标,是为了实现哪一项或哪几项课程目标的。如此,可避免课程内容选择的随意性和盲目性。

2. **整合性原则**

幼儿的生活是整体的,幼儿各个发展领域之间是相互联系、相互促进的,因此,教师所选择的幼儿园课程内容应是整合的。幼儿园教师应尽可能使不同领域的课程内容之间产生联系,让幼儿以"完整儿童"的面貌面对完整的、相互联系的经验,而不要用"学科"这种人为划分知识的方式来划分幼儿的经验,并以单一的经验作为幼儿活动的起点。分类从社会及学科的角度看是有意义的,因为分类是分析语言,有利于人们考察、控制和表述,但从个体的角度看,实际上幼儿并不关心上述的分类方式,对幼儿来说,活动是其完整面对生活的历程,幼儿在活动中会自然渗透和整合各种课程领域的内容。幼儿对事物的认识活动是整体的。因此,幼儿园课程内容所涉及的范围要完整、全面,内容各组成部分之间的关系要紧密,不同课程领域的知识不是孤立的,而是彼此关联、相互促进。

3. **适切性原则**

选择的幼儿园课程内容要考虑幼儿的身心发展水平,适合幼儿的一般发展顺序和年龄特点,同时,还要符合幼儿的兴趣和需要。但是目前,幼儿园课程内容选择的主体是教师,课程内容一般在活动前就已经预设好,课程内容往往是教师感兴趣的,而不一定是幼儿的兴趣所在。因此,教师在确定课程内容前,要多了解幼儿的年龄特点,多了解幼儿的兴趣和需要。

4. **结构性原则**

选择的幼儿园课程内容各组成部分之间要保持平衡,考虑各部分内容在课程总量中的比重,使各部分内容之间的比例相对平衡。为此,幼儿园应合理安排幼儿一天中生活、游戏、教学、运动和休息的时间比例,合理安排幼儿各领域学习活动的时间比例。

5. 基础性原则

选择的幼儿园课程内容应注重基础性，保证幼儿获得基本的和必需的成长经验，充分发展幼儿各方面的素质与能力，以适应未来社会发展的需要，即所选择的课程内容应包括使幼儿成为未来合格公民所必备的生活和学习的基本技能。但是许多幼儿园在选择课程内容时未遵循基础性原则，随意深化、拓展，以致课程内容不符合幼儿的年龄特点。

6. 生活性原则

幼儿园课程内容要贴近幼儿的生活世界，从幼儿生活的自然和社会环境中去选择课程内容。幼儿直观的思维决定了最有效的学习内容是可感知的、具体形象的内容，幼儿园课程内容与现实生活的距离越近，就越能激发幼儿的学习兴趣，幼儿的学习就越有效。

（三）基本经验与幼儿园课程内容的选择

经验是建立在感官知觉基础上的对事物的认识和反映，是幼儿在生活中通过与环境的互动，在尝试的过程中，在与事物的直接接触过程中获得的。但经验并不都具有真正或同样的教育性质。有些经验对儿童的成长发展具有重大价值，有些经验的教育价值则有限，还有些经验甚至会阻碍儿童的发展。因此，经验具有多样性和复杂性，众多的经验构成了经验系统。从教育的角度来看，要提高教育的质量，就必须研究那些在经验系统中起重要作用的经验，这些经验就是基本经验。基本经验从幼儿的角度来看，就是在幼儿的成长过程中，需要或必须获得的一些基础的、关键的、对其发展有价值的经验。因此教师要利用各种教育因素，通过各种活动有意识地、有目的地让幼儿掌握这些经验，让幼儿在原有的基础上对经验进行整理、重组、扩充与提升，从而获得发展，而其他的经验则可让其自然存在，不加改造。

四、幼儿园课程内容的特点与分类

(一)幼儿园课程内容的特点

幼儿园课程内容最明显的特点是整合性和开放性。

1. 整合性

整合,也称综合,是指把不同类型、不同性质的事物组合在一起,使它们成为一个整体。

课程内容整合是近年来国际教育发展的共同趋势之一,是课程改革与发展的方向。课程内容整合主要是针对分科越来越细、知识种类和数量越来越多造成的知识割裂、零碎的弊端,符合现代教育内容由单一知识向跨学科知识转化的发展趋势。

不同阶段对整合有不同水平的需要,幼儿园课程内容整合,既是课程发展的国际趋势在学前教育领域的表现和反映,又是幼儿身心发展的需要以及学前教育性质的客观要求。内容整合更符合学前儿童心理反应整体性强的特点。陈鹤琴认为,幼儿对外界的反应是"整个的",他们的思维是综合性的,而不是分析式的。整合性内容正可以利用幼儿反应整体性的优势,发展其综合思维和心理综合机能。另外,儿童对知识的掌握也是一个整体的过程,课程内容的整合也是幼儿整体发展的条件。人的身心发展是平行的、有机统一的,它需要的刺激也是综合性的。更重要的是,生活中幼儿进行的活动往往是高度综合的,涉及多方面的学习内容,课程内容整合便是帮助幼儿形成整体发展的条件,具有促进幼儿多方面发展的价值。如幼儿在操场上学爬梯子,它直接发展了幼儿爬的基本动作,而且幼儿在爬的过程中,往往一边爬一边数数,一边爬一边唱儿歌,一边爬一边感受触摸不同质地梯子的感觉,一边爬一边观察地面上物体大小的变化、体验站立高度的不同与物体大小变化之间的关系……通过爬梯子活动,幼儿的基本动作、数数能力、触觉、观察力和判断推理能力等都得到了不同程度的发展。

《幼儿园教育指导纲要(试行)》明确指出:"幼儿园的教育内容是全面的、启蒙性的……各领域的内容相互渗透,从不同的角度促进幼儿情感、态度、能力、知识、技能等方面的发展。”实际上，无论怎样划分课程领域，都不可能也不应该将各个领域的内容孤立开来，而应考虑各领域知识内容之间的关联性，使各领域之间相互渗透。例如语言领域中会涉及多方面的知识，而语言教育又要通过各个领域教育的渗透，达到促进儿童语言发展的目的。因此，教师在课程编制时，应充分挖掘和利用各领域内部及各领域之间的内在联系，以某一领域为主，将各个领域的内容联系起来，与其他领域的内容进行有机的渗透，从而对课程内容进行合理的、有效的整合。

但要注意的是，幼儿园课程内容的整合并不是把几门分科课程合并起来组成“大拼盘”，不是简单的叠加，不是机械的等分，而是将幼儿园课程内容看成相互联系、相互渗透、相互影响、不可分割的整体，避免与小学各学科一一对应，避免用分科的方式进行教学。

2. 开放性

幼儿园课程内容具有较大的灵活性和变通性。课程内容不仅仅表现为教材上静态的预设书面文本内容，还表现为生活中幼儿动态生成的内容，表现为教师和幼儿在具体的、丰富的活动中共同构建的动态内容。这是幼儿园课程内容开放性的特点。

幼儿是带着各自的兴趣、需要和已有经验参与到教师组织的活动中的，并在此基础上与客观世界发生作用。在活动中，幼儿会展现出自己的兴趣、需要和经验，有些可能是教师事先未能完全考虑到的。为了体现幼儿在学习活动中的主体地位，幼儿园课程必须建立在幼儿真正需要的基础上，尊重幼儿的经验、兴趣和需要。而幼儿的兴趣、需要具有不确定性，常常随情境而变化，因此，教师要以开放的眼光来看待课程内容，发现、捕捉幼儿的兴趣与需要，并生成新的课程内容。

（二）幼儿园课程内容的分类

幼儿园课程内容可从不同角度、根据不同标准来进行分类，角度、标准不同，幼儿园课程内容的分类也各不相同。一般来说，幼儿园课程有以下几种分类方法：

1. 按学科结构分类

按学科结构进行分类是一种比较常见的分类方法，我国 1981 年 10 月颁布的《幼儿园教育纲要(试行草案)》就将课程内容分为体育活动、语言、常识、计算、音乐、美术等方面。这是一种分科教学的模式。

2. 按经验领域分类

按活动对象所接触的领域划分,2001 年 7 月颁布的《幼儿园教育指导纲要(试行)》将幼儿园课程内容分为健康、语言、社会、科学、艺术五大领域。这一分类建立在儿童是在与周围环境相互作用中发展的这一基本观点上,认为环境中可构成幼儿活动内容的事物大致可分为以上五类。

3. 按一日活动的形式分类

幼儿园课程主要以幼儿园一日活动的形式组织实施。

生活活动:主要指生活自理、交往礼仪、自我保护、环境卫生、生活规则等方面的活动,旨在让幼儿在真实的生活情境中自主、自觉地发展各种生活自理能力,形成健康的生活习惯和交往行为,在共同的生活中能够愉快、安全、健康地成长。

运动:主要指体操、器械运动、自然因素锻炼等活动,旨在提高幼儿身体素质、动作协调能力和适应环境的能力,为幼儿健康的体质奠定基础。

学习活动:主要指讨论、阅读、欣赏、制作、表演、实地参观、收集信息等活动,旨在激发幼儿主动探索,积极体验,使幼儿在认知能力和态度上不断进步,为后续学习打下基础。

游戏活动:主要指幼儿自发、自主、自由的活动。游戏活动对幼儿发展有重要的价值,能发展幼儿的想象力、创造力和交往合作能力,促进幼儿情感、个性健康地发展。

五、幼儿园课程内容的组织

课程内容采取何种形式编排和组织,直接影响课程内容结构的性质,也影响着课程实施中幼儿学习与活动的方式。

(一)课程内容组织的要素

不同课程论专家从不同角度区分了课程内容组织的要素。施瓦布确认了课程的四大要素:学习者、教师、教材和环境。这也是课程组织的四大要素。古德莱德等人则从中观角度对组织要素进行区分,他们认为,所有课程组织的要素都包括“范围”“连续”“序列”“整合”。

(二)课程内容的组织方式

课程内容的组织方式主要有两种,即“垂直组织”和“水平组织”。

1. 垂直组织

所谓“垂直组织”,是指将课程内容按纵向的发展序列组织起来。“垂直组织”又可称“纵向组织”。课程的垂直组织有两个基本标准,即“连续性”和“顺序性”。

“连续性”是泰勒最先提出的一个课程内容组织的基本准则,指的是课程内容在不同学习阶段有所重复。“顺序性”是指课程内容根据学科的逻辑体系和学习者的身心发展阶段由浅至深,由简至繁。美国著名课程理论专家、泰勒的学生塔巴指出,课程组织不仅要关注逻辑的顺序,还应关注心理顺序。逻辑顺序和心理顺序是传统教育派与现代教育派的分歧之一。逻辑顺序指的是根据学科本身的系统及其内在的联系组织课程内容;心理顺序指的是以适合儿童心理特点的方式组织课程内容。夸美纽斯也告诫教师要按由简至繁的顺序安排内容。一般来说,强调学习内容从已知到未知,从具体到抽象,是历史上教育家们的一贯主张。

2. 水平组织

所谓“水平组织”,是指将课程内容按横向关系组织起来。“水平组织”又可称“横向组织”。课程水平组织的基本标准为“整合性”。整合性是指找出各种课程内容之间的内在联系,然后整合为一个有机整体。

20 世纪 70 年代以后,一些教育家开始强调课程内容的横向组织原则,即要求打破学科的界限和传统的知识体系,以便让学生有机会更好地探索社会和个人最关心的问题。这是与 60 年代以后自然科学与社会科学汇流,社会科学内部各学科日趋综合的趋势相应的。在这些教育家看来,如果要使学生所学的内容对他们的成长具有重要意义,就必须摆脱传统学科的形式和结构。所以他们用一些“大概念”“广义概念”“探究方法”作为课程内容组织的要素,使课程内容与学生经验有效地联系起来。

（三）幼儿园课程内容的组织方式

1. 分科课程

幼儿园实施的分科课程是一种典型的课程内容的垂直组织方式或纵向组织方式，是一种以逻辑顺序组织课程内容的方式。分科课程将幼儿园课程内容分成各种学科，如语言、计算、音乐、美术、体育、常识等，并按每门学科内在的逻辑顺序组织课程内容，使这些课程内容之间保持连续性和顺序性，但这种顺序性较多地考虑学科的逻辑顺序，而非考虑儿童的心理顺序。

分科课程的组织方式，有利于保持课程内容的系统性，但这种组织方式往往是根据学科专家对学科本身的理解而确定的，未充分考虑儿童的心理特征和心理需要。

2. 综合课程

幼儿园实施的综合课程则是一种课程内容的水平组织方式或横向组织方式。综合课程打破了学科界限，常以各种主题为核心，使各种课程内容之间保持整合性。这种课程组织方式较多地考虑儿童的心理特征，往往是课程编制者根据对儿童年龄特征的理解而确定的，而不是考虑学科本身的逻辑顺序。虽然这种课程内容组织方式较多地保持了课程的整合性，符合儿童认识事物的特点，考虑到了儿童的心理特征和心理需要，但综合课程因无法实现课程内容本身的系统性而遭到人们的批评。

可见，按垂直的或水平的方式组织的课程内容，都各有其长处和弱点，使两者取长补短，以达到和谐的统一是幼儿园课程内容组织的一种发展趋势。不管其外部表现形态是“分科的”还是“综合的”，其内在的实质都应是逻辑顺序与心理顺序的和谐统一。为此，综合课程的主题为了兼顾内容的逻辑性，采用了螺旋式组织的方式，做到主题在不同年龄段重复出现，但重复出现的内容在深度和广度上都有所加强。

第四节　幼儿园课程的实施

制定好课程目标，选择、组织好课程内容后，课程设计就完成了，接下来要按照所制订的课程计划，进行课程的实施。

课程实施是将某项课程设计方案付诸实践的具体过程，它是实现预期的课程目标的基本途径，是课程编制过程中的核心环节和实质性阶段。课程方案与课程实施之间的关系是理想与现实、预期结果与实现结果的过程之间的关系，课程实施关注的焦点是课程实践中实际发生的变化以及影响变化的因素。幼儿园的课程实施是通过教师专门组织的教育活动、游戏、日常生活与常规性活动、学习环境、家园合作等途径来实现的。

课程目标的确定、课程内容的选择以及之后的组织实施、课程评价等环节中，只有课程的实施环节真正直接地对学前儿童产生实际影响。幼儿园课程的实施，是实现幼儿园课程目标和价值的主要形式。因此，教育效果的好坏，关键在于课程实施过程的质量。

一、课程实施的三个基本取向

课程实施的取向集中表现在对课程计划与课程实施之间关系的不同认识上。根据课程专家的归纳，课程实施有三个基本取向，即"忠实取向""相互适应取向""课程创生取向"。

（一）忠实取向

课程实施的忠实取向认为，课程实施过程即是忠实地执行课程计划的过程。衡量课程实施成功与否的基本标准是课程实施过程实现预定的课程计划的程度。忠实取向视野中的课程知识是由课程专家创造、选择并提供的，教师对课程知识的创造和选择没有真正的发言权。与此相关，课程变革被视为一种线性过程：课程专家在课堂外制订课程变革计划，教师在课堂中实施课程变革计划。于是，教师就成为课程专家所制定的课程变革计划的忠实执行者。

不管课程计划由谁制订，忠实取向探究的基本问题都是测量课程实施实现预定课程计划的程度以及确定影响实现程度的基本因素。

(二)相互适应取向

课程实施的相互适应取向认为,课程实施过程是课程计划与班级或学校实践情境在课程目标、内容、方法、组织模式诸方面相互调整、改变与适应的过程。

如果说忠实取向视野中课程知识是由课程专家在学校或课堂外创造的,那么相互适应取向则认为,课程知识是广大的、复杂的社会系统中的一个方面,实践者(教师)所创造的课程知识与专家所创造的同等重要。不论课程是从哪里创造出来的,在实施过程中都必须不断做出调整,以求相互适应,这是课程知识的一个基本特性。

相互适应取向倾向于把课程变革过程视为一个复杂的、非线性的和不可预知的过程,而绝不是一个预期目标和计划的线性演绎过程。课程实施过程中所发生的一切,不论是否与预期目标一致,都是课程变革过程的有机组成部分。为了使预定的课程方案符合具体实践情境的需要,教师理应对之进行调整和修改。教师对预定课程方案积极的、理智的调整和修改是课程实施成功的基本保证。

(三)课程创生取向

课程创生取向(或课程创生观)是课程实施研究中的新生取向。这种取向认为,真正的课程是教师与学生联合创造的教育经验,课程实施本质上是在具体教育情境中创生新的教育经验的过程,既有的课程计划只是供这个经验创生过程选择的工具而已。

由于课程创生取向视野中的课程是教师与学生联合创造的,并且是教师与学生实际体验到的经验,因此,课程实施的技术化、程序化的特性就被彻底消除了,课程实施再也不是以原有的课程计划为标准,按图索骥或稍事修改的过程,而是一个真正的创造过程。

课程创生取向认为,成功的课程实施需要接受课程变革参与者的主体性,并给予充分理解。课程创生取向还认为,教师的角色是课程的开发者,教师连同学生成为建构积极的教育经验的主体。

二、幼儿园课程实施的取向

幼儿园课程实施也存在以上三种取向。不同的课程实施取向对教师的观念和教学实践的影响以及对幼儿发展的影响是不同的。

忠实取向的课程实施强调忠实地执行课程计划，导致教师在教学过程中缺乏创造性，使教师的教学与幼儿的经验、生活、实践相脱节。新课程理念认为，课程的实施是一个动态过程，其实施取向应该是相互适应取向和课程创生取向。课程实施的过程是课程规划者与课程实施者之间相互适应的过程，即课程实施是教师根据社区、学校、班级和幼儿的具体情况对课程内容、组织模式等做出调整和改变，以使课程适应幼儿发展的过程；课程实施的过程是教师和幼儿在具体情境中创造新的教育经验的过程。这是一种新兴的幼儿园课程实施取向。也就是说，教师要在规定的或已有的课程方案的基础上，联系幼儿的经验、幼儿园的情况和社会发展的要求，对课程方案做出自己的理解和认识，根据幼儿的具体情况做适当的调整和修改；课程的实施要经过自己的加工处理。

由于幼儿园课程管理的自主性和多元性，幼儿园没有国家或地方统一的课程计划，幼儿园课程实施更多地表现为教师执行自己制订的课程计划。在制订课程计划时，教师假定的课程实施环境是稳定不变的、可控制的环境，一般是一种线性环境，是对简单活动状况的一种设定。但是，课程实施所涉及的环境是复杂的，存在某种不确定性，其所涉及的主体——教师和幼儿，有自己的主观能动性，因此，即使对相同的事物也会有不同的理解、判断和思考，特别是幼儿行为具有不可预测性，其活动具有不稳定性，导致教师很难严格按照既有的课程计划执行。课程实施过程中，教师会发现预先选择的课程内容常常不符合幼儿当前的兴趣，幼儿感兴趣的问题未及时纳入课程中，教师也可能发现预先设想的课程目标和教学程序、进度、重点等与实际的活动进展情况不一致。这就需要教师坚持课程实施的相互适应取向和课程创生取向，在活动过程中对计划灵活调整，同时根据幼儿的兴趣、需要在具体的教育情境中主动生成课程。

因此，对于幼儿园的课程实施而言，不仅需要依靠预设的课程计划，而且更需要依靠幼儿的反应和教师灵活的课程实施策略，需要教师密切关注幼儿的兴趣和困惑，随机调整和生成课程。幼儿园课程的组织与实施，是教师创造性地开展工作的过程，教师不能固守课程实施的忠实取向，应更多地持相互适应取向和课程创生取向。幼儿教师在课程实施过程中,应具有课程调整和创生的意识和能力,在预设的课程计划的基础上,根据具体的课程情境,通过不断的师幼互动,随机调整预先的课程计划,并灵活生成新的课程。

三、教师的观念和行为与幼儿园课程实施

教师作为以教育为职业的专业工作者,肩负着家庭和社会的重托,对儿童的发展起着导向作用。教师的儿童观与教育观,既影响着教师的教育行为,也影响着教师与儿童的互动,并在很大程度上影响着幼儿园课程实施的质量。教师正确的教育观、儿童观是课程实施的灵魂。

儿童观,是人们对儿童的认识、观念和态度的总和。教育观,是人们对教育现象和教育问题的主体认识,以及由此而产生的某种行为意向。儿童观是教育观的依据,有什么样的儿童观,就会有什么样的教育观。教育能否真实地促进每个幼儿发展,最关键的因素是教师,取决于教师是否具有正确的观念和良好的专业素质。

在课程实施中,具有正确价值观的优秀教师的教育行为都有高度的一致性。曾有一项研究表明,幼教机构中好的教师与差的教师之间有八处明显的不同:

(1)在课程中是否考虑到培养幼儿的自我认识和自信心;

(2)是否善于与幼儿进行互动,能否针对幼儿的需要来设计课程;

(3)在计划和安排上是否有弹性;

(4)在处理幼儿问题时是否有自然而良好的判断;

(5)对幼儿思维过程感兴趣的程度是否高于一般水平;

(6)是否能个别观察和与幼儿个别互动;

(7)是否能培养幼儿彼此互动的能力;

(8)是否能帮助幼儿对活动进行反思。

而其中最明显的不同之处是教师是否能个别观察和与幼儿个别互动、帮助幼儿对活动进行反思。可见,幼儿园课程实施的相互适应和课程创生取向赋予教师全新的角色,要求教师由被动的忠实执行者变为主动的课程实施者、开发者和反思建构者。

四、幼儿园课程实施的基本原则

幼儿园课程实施的基本原则，是幼儿园课程基本目标和基本价值得以实现的保证，是实现幼儿健全发展和完成教育任务的客观要求，是选择教育方式方法、运用教育原则的基础，是幼儿园课程实施过程中必须遵循的基本要求。

（一）目标定向、注重过程的原则

课程是保证教育目标实现的基本支柱，而课程实施则是实现目标最重要的环节之一。因此，课程实施的所有过程都必须紧紧围绕教育目标和课程目标来进行，应选择有利于目标实现的课程实施方式。这是幼儿园课程实施的第一原则，即目标定向原则。没有一定的目标定向，课程预设计划形同虚设，导致课程实施缺乏规划性和目的性。因此，幼儿园课程的组织与实施要注重发挥目标的导向作用，增强目标意识。

除了确立目标意识外，幼儿园课程实施还要确立过程意识，在课程实施过程中注重儿童的发展变化和个体差异，关注幼儿在课程实施过程中的经验与体会，以更好地实现课程目标。如果不注重活动的展开过程，不了解幼儿在课程实施过程中的表现，教师便无法进行有针对性的指导，从而无法保证幼儿的发展，也就无以实现预期的课程目标。

（二）生活化原则

幼儿园课程实施的生活化原则，是指要使课程实施具有生活的色彩和意义，加强课程实施与生活的联系，努力寻找和创造与生活相一致的教育情景，使幼儿学得轻松、有效，学得更有意义。

课程实施生活化是一种开放型的课程观念，也符合幼儿学习与发展的实际。幼儿教育与生活有着密切的关系，教师要善于创设生活化的环境，应使幼儿感到亲切、温暖，充满人情味，使幼儿在走进幼儿园等正规教育机构时有回到家的感觉，使幼儿感到“教师像妈妈”，和蔼可亲。

同时，幼儿园课程实施的生活化原则还指在课程实施中，要善于寓教育于生活，使幼儿园的生活教育化。生活中蕴含着许多教育的良机，教师要考虑哪些目标可以结合幼儿园一日生活的有关环节自然实现，对一日生活主要环节的教育功能和可能蕴藏的教育机会进行分析。如教幼儿认识基本图形,可结合幼儿的生活环境,让幼儿寻找与这些图形形状一致的生活用品。

(三)活动化原则

活动指作为主体的人与事物相互作用的所有过程,是幼儿获得知识与发展的中介、桥梁。它不仅包括展于外的外显活动,也包括隐于内的心理活动;既包括个体活动,也包括小组活动、集体活动;既包括人与自然的活动,也包括人与人的活动。

幼儿园课程实施的活动化原则是指,要善于将幼儿园的课程实施融入幼儿的一日活动(包括幼儿的生活、运动、学习、游戏等多种活动)中,强调幼儿在活动中的体验。为此,在课程实施中,教师要引导幼儿积极主动地参与活动,让幼儿在活动中学习,注重幼儿在活动中与其他个体、与环境等要素的相互作用,从而主动建构知识。

(四)游戏化原则

幼儿园课程实施的游戏化原则是指教师要坚持以游戏作为幼儿的基本活动,注重游戏在幼儿园课程实施中的作用,善于以游戏的形式来实施课程。为此,在幼儿园课程实施中,教师首先应尊重幼儿游戏的权利,保证幼儿每天有充足的自主游戏的时间与空间。此外,教师还要善于将教学游戏化。由于教学的目的性较强,是以教师传递知识、技能为主要方式的教育活动,是严密组织起来的传授系统知识、促进学生发展的最有效的形式,因而教学在实现教育目标方面具有省时、直接、面广的特征。但对幼儿的教学应多采取游戏的方式进行,因为教学游戏化能使教学过程变得愉快、有趣、轻松,能充分发挥幼儿的主体性。

总之,课程实施游戏化旨在利用和调动幼儿的自愿心理,使幼儿全身心地投入活动之中,更好地发挥主观能动性,从而促进其全面、和谐、健康发展。

(五)平衡化原则

幼儿园课程实施的平衡化原则是指在课程实施过程中要保证幼儿生活活动、运动、学习活动和游戏活动等各种不同形式活动的均衡开展,不能有所偏颇。生活活动、运动、学习活动、游戏活动对幼儿的发展有不同的作用,幼儿园在课程实施中要合理安排各种活动的时间比例。具体而言,幼儿园课程实施过程中每天要保证幼儿两小时的户外活动时间，其中一小时为运动。幼儿园要保证幼儿充裕的生活活动、游戏活动的时间。要控制集体的学习活动时间，大班每天最多不超过一小时，幼儿年龄越小，集体的学习活动时间应越少。随着年龄的增长，生活活动、游戏活动的时间可逐渐减少，运动、学习活动的时间可适当增加。

（六）综合化原则

幼儿园课程实施的综合化原则是指以有机整合的方式，将课程实施中的各要素多样化、多层次地有机联系起来，统整课程目标、课程内容和教育教学方式，发挥课程的综合功能，实现幼儿整体和谐发展的目标。课程实施综合化，归根结底，是客观事物之间不可分割的联系的反映，是客观事物普遍联系的基本事实对课程实施的必然要求。

在综合化原则的指导下，幼儿园课程具体实施时需要实现以下几个方面的综合。

1. 目标综合化

将课程目标有机综合为整体性目标，因为幼儿身心发展的整体性和全面性决定了课程目标的制定需要从整体着手，将相关目标进行整合。具体而言，就是幼儿园课程目标实现知识与技能、过程与方法、情感与态度的有机统一；课程目标既应考虑行为目标，又要给生成性目标和表现性目标留下空间。这种综合更有利于儿童的全面发展。

2. 内容综合化

课程目标的实现需要由综合的课程内容来完成。内容的综合，注重的是内容之间的有机联系。不同课程领域的知识并不是孤立存在的，而是彼此关联、相互促进的，只有内容之间形成有机联系，才更具有发展性，才更有利于人的综合思维和心理的综合机能的发展。教师可将幼儿的各类活动内容（生活、游戏、运动、学习）进行有效整合，将幼儿发展的各领域（健康、语言、社会、科学、艺术）的内容联系起来，树立优化组合的观念，以一定的方式将这些内容整合起来，使幼儿的学习经验成为一个整体。

幼儿的身心发展特点和学习特点决定了幼儿教育必须是整体性的教育，幼儿教育内容需要高度整合。幼儿心理发展水平决定了幼儿对事物的理解往往是粗浅的、表面的,幼儿的概括能力还很低,幼儿教育内容不能过于细化。幼儿的活动往往是综合性的,涉及多方面的学习内容,具有促进幼儿多方面发展的价值。因此,对幼儿教育而言,应尽可能地加强课程内容的整体性。

3. 教育方式综合化

教育方式是指课程实施过程中采用和表现出的特定的方法、手段和技术,教育方式贯穿于课程实施之中。幼儿园课程实施综合化原则要求教师善于将各种教育教学手段、方法和组织形式运用到幼儿的学习过程中,在具体的课程实施中,根据课程性质,采用多样化的活动方式,将集体活动、小组活动与个别活动形式相结合,综合运用各种教育方法和手段,如讲解法、讨论法、操作法、演示法等。

总之,课程实施综合化是各种课程因素的综合化,它统一于幼儿的发展过程中。其最高的境界是整体地把握综合化的课程目标、综合化的课程内容、综合化的教育方式,实现目标、内容、方式在各层面的优化组合,获得综合性的课程实施效果。

(七)动态性原则

忠实取向的课程实施,奉行普适与预设的课程方案、线性而程序化的实施过程。它严格地控制着实施过程,课程实施只是这一方案的线性展开,其过程与结果都是预先设定的,因而是一种封闭的、静态的课程实施观。事实上,课程实施并非如此简单。课程实施是非线性的,充满着不确定性。课程实施总体上是一个开放、动态的过程,充满着不确定性和情境性。因此,幼儿园课程实施还应坚持动态性原则,接受课程实施的复杂性、开放性和不确定性,体现课程实施的动态性特征。

幼儿园课程实施的动态性原则是指幼儿园课程实施特别要注重动态性,强调计划性与灵活性的统一。为此,教师要充分发挥教育机智,善于根据具体的情境调整课程的目标、内容及教育方法与手段。

现代课程观中的“curriculum”一词,如果只考虑它的名词意义,把“跑道”的含义重点放在“道”上,就容易使课程成为预设的、由儿童记诵的教育内容或教材,其最终的结果是人在课程中消失,课程领域忘记了个体的存在,忽略了个体的经验,仅仅专注于设计、实施、评价课程材料。其实,“课程”一词的拉丁文词根是动词,课程定义从动词形式来解释,并不强调静态的“跑道”,而是重在“跑”,强调课程是一个动态的跑的过程、跑的经历。从词源学意义上,课程词根的转换,必然要求课程实施完成从静态到动态、从封闭到开放、从固定不变到不确定、从外在到内在、从关注目标到关注过程的转变。

传统的幼儿园课程实施以灌输为主要方式,教师是居高临下的权威,是课堂的主宰,师生间、生生间缺乏应有的互动交流。教师试图使自己的预设和课堂上出现的状况完全吻合,在活动结束时画上一个圆满的句号。教师过多地关注课程计划的落实,注重实施自己事先精心准备好的教案,机械地对待课程计划。在这种可预设的、可控制的课程实施中,课程知识与儿童的现实生活相分离,儿童难以体验到课程活动中的乐趣,他们的创造力被扼杀了,只能沿着教师预设的轨道去完成任务。

要知道,影响课程实施的因素是复杂多样的,包括幼儿的状态、教师的参与、环境条件等,这些因素中的任何一个只要有少许变化,就会对幼儿园课程实施产生影响。课程实施作为动态的实践过程,应该允许出现不确定性、非预期性,强调和鼓励计划之外的活动,为活动中的意外发现喝彩。这样的课程实施过程才能更加生动,真正促进幼儿积极主动发展。

(八)创造性原则

课程实施的动态性要求教师在课程实施中具有创造性,遵循创造性原则。即课程实施中教师应具有创新精神,善于发挥教育机智,不拘泥于预设的课程方案。

人是具有创造性的主体。尽管幼儿园课程存在预设的课程计划与方案,但这些预设的课程计划与方案在具体情境下的实施中只能是一种参考,而不应是一成不变的。因为在课程实施中,教师和儿童的主体性得到充分的发挥,必然使教育过程充满了创造性,使教育过程存在许多非预期的因素,使参与其中的教师与儿童面临着机遇与挑战。当儿童的兴趣与教师预设的教育目标和内容发生分歧时,是尊重儿童的兴趣,提供适宜的引导,生成有意义的教育活动,支持、促进儿童的发展,还是把儿童的关注点拉回教师预设的课程方案,按照教师预设的课程内容进行活动,不仅涉及教师的教育观念与行为,更涉及教师的创造性意识和行为。因此,教师的创造性对于课程实施的质量有着重要的影响。

（九）家园同步原则

“同步”是同步教育的简称。家园同步原则是指课程实施中幼儿园应与家庭合作，同步对幼儿进行教育。

幼儿园应打破围墙的限制，树立大教育观。课程实施中必须充分利用幼儿家庭的丰富资源，将自身的教育延伸扩展至幼儿的家庭，并善于取得家长的配合、支持和参与，家庭与幼儿园形成教育合力，以更好地促进幼儿全面、和谐发展，以更好地实现幼儿园课程目标。

（十）师幼互动原则

互动，即相互影响、相互作用之意，是人与人之间的心理交互作用或行为的相互影响，是一个人的行为引起另一个人的行为或改变其价值观的任何过程。互动的实质是两个不同主体间相互的行动、行为。师幼互动，是指发生在幼儿园内部的教师与幼儿之间的相互作用、相互影响的行为和过程。

课程实施的师幼互动原则是指课程实施中应注重教师与幼儿之间的相互作用、相互影响，以取得最佳的课程实施效果。按照新课程理念，课程实施过程是教师与学生的交往过程，交往是课程实施的本质，互动是交往的途径。因此，师幼互动是新课程所要求的课程实施的本质，它是课程实施原则中最关键的一条。

师幼互动作为幼儿园课程实施的基本表现形态，存在于幼儿的一日活动之中，表现在幼儿园课程实施的各个环节，并对幼儿产生不可估量的重要影响，师幼互动的状况直接决定课程实施的效果。师幼互动是幼儿园课程目标得以实现的重要保证，是促进幼儿全面发展的关键性因素，也是教师内在教育观念、教育能力和外显的教育手段、教育行为相结合的综合表现。师幼互动原则表明，作为学习者的幼儿与教育者同是主体，共同进行着课程的实施过程，表现为共同的活动中的相互作用，在各自发挥着独特作用的同时，通过动态的交互联系，形成一致性的课程效应。

幼儿园课程实施中贯彻师幼互动原则时应注意以下几方面。

第一，师幼互动既包括师幼外部的共同指向于客观世界的作用及彼此之间的相互作用，还包括内部心理的互动。因此，教师除了注重与幼儿外部言语、行为的互动外，还要注重与幼儿情绪、情感的互动，通过互动呵护幼儿的良好的情绪、情感。

第二，师幼互动是师幼之间有机的、动态的相互作用，它并不意味着师幼的任务相同、作用一样，更不是说幼儿是课程实施的主宰。它强调的是师幼行为与心理的一致性，而不是一种比例关系。

第三，师幼互动原则要求教师必须平等地对待每一个幼儿，尊重幼儿的人格、权利，爱护幼儿。

良性的师幼互动需要平等、自由、宽松的心理环境，需要和谐默契的师幼关系，正如《幼儿园教育指导纲要（试行）》中所提出的，教师要“以关怀、接纳、尊重的态度与幼儿交往”。在幼儿园课程实施过程中，教师应为幼儿建立起一种心灵互动的平台，始终在平等、自由、宽松的氛围中，以伙伴的身份和口吻与幼儿在同一平台上交流、讨论。如某一位教师在课程实施中使用了以下教学语言：“下雪了，我们小孩子喜欢”，“老师也有一件事要告诉大家”，“我先说我要说的”，“你去看一看、想一想，想起来了就来告诉大家”……透过教师的言语，折射出教师与幼儿之间的一种我与你的人际交往关系，使幼儿感到心情舒畅愉悦，使幼儿乐意打开心扉，与教师进行互动。反之，如果教师不尊重幼儿的人格，源自幼儿经验的、幼儿感兴趣的话题往往就会被忽略，幼儿丰富的想象往往就会被抑制，甚至被当作与教学内容无关的“瞎说”。当幼儿热衷于表达自己的具体经验时，教师往往会不屑一顾。

第四，师幼互动原则要求教师在具体的教育活动前丰富幼儿的生活经验，为课程实施中的师幼互动打下一定的经验基础。

课程实施中师幼互动的有效度和质量，除了有赖于教师的引导情况外，还有赖于幼儿自身的体验和知识经验。只有有了充分的感受与体验，幼儿才会有话可说，师幼之间才会形成有效互动。

第五，师幼互动原则要求教师在课程实施中真诚倾听幼儿的声音，适当地解读与回应幼儿。

倾听幼儿的声音、适当地解读与回应幼儿是师幼互动的关键。作为现代课程教学改革的方向，“对话”正成为教育所追求的一种有效的方式。教师要自始至终、全神贯注地欣赏幼儿，倾听他们的心声，“接住孩子抛过来的球”。如在“下雪了”的活动中，一名幼儿在回答教师“为什么喜欢下雪”的问题时说“我想把自己变成雪人”，虽然没有明确点明喜欢雪的理由，但教师却接纳了幼儿的观点，并就此进行了进一步的互动。

对于幼儿的观点、意见，教师不仅要耐心倾听，而且要依据幼儿的认知水平进行解读与推测，做一名积极的译解者，寻找师幼互动的良好契机。在理解幼儿初衷的基础上，教师还要善于针对不同情况进行适当的回应，如可运用重复、解释、提炼、反问和追问等回应方式与幼儿进行互动。

第六，教师要尽可能地创造条件，注重在各类活动中与幼儿进行积极的互动。

教师不仅要关注正式的活动中，特别是公开的、有外人观摩的教学活动中的师幼互动，更要关注日常活动中的师幼互动，这样才能使幼儿通过师幼互动获得成功感和满足感，增强自信心，激发其与教师、与同伴交往的积极性。

（十一）潜移默化原则

幼儿园课程实施的潜移默化原则是指在课程实施中，教师应注重创设适合幼儿发展的、支持性的环境，充分发挥环境对幼儿的潜在影响。

幼儿园课程实施中，教师既要注重物质环境的创设，让每个幼儿在与环境、材料的有效互动中大胆地探索，充分地表达，获得各种有益的经验。同时，教师还要注重自己的言传身教，给幼儿树立正确的学习榜样。

五、幼儿园课程实施的形式

从课程实施中幼儿参与的人数规模来看，课程的实施形式可分为三种：集体活动、小组活动和个别活动。

（一）集体活动

集体活动即全班活动。其实施形式是全班幼儿在同一时间内参与教师安排的活动，教师进行组织和指导，集体教学。

集体活动最大的特点就是效率高，也有利于培养幼儿的集体感和纪律性。然而由于幼儿的人数多，幼儿间的个别差异大，集体活动难以发挥幼儿的主体性，也难以照顾到每个幼儿的兴趣和需要，因此，集体教学活动在幼儿园课程实施中不能多用。

（二）小组活动

小组活动即分组活动。其实施形式是幼儿被分成几组，分散参与教师安排的活动。

小组活动的学习内容既可以是同样的，如集体教学的内容幼儿分小组自己去探索；也可以是不同的，如区角活动的内容。就分组形式而言，有幼儿自由分组及教师指定分组两种情况。幼儿的经验水平不同，活动兴趣、需要各不相同，他们会自发地采取各种分组形式。如在主题探索活动中，会出现兴趣结伴、任务结伴、性别结伴等，从而满足自己的需要。教师分组则是根据教育需要，有目的地按能力、兴趣、性别等分组，以更好地进行观察指导，促进幼儿与幼儿之间、教师与幼儿之间的互动。

小组活动最大的特点就是为幼儿提供了和同伴及教师交流、讨论、分享与合作的机会，让幼儿以自己的速度和方式同环境中的人与物相互作用。活动中既有教师的指导和同伴之间的交往，又有幼儿自己学习和操作的机会。但是，小组活动的组织相对比较松散，这给教师的组织和指导带来了一定的难度。

（三）个别活动

个别活动即幼儿自发、自由的活动。一般在自主的游戏活动中，幼儿以个别活动的形式为主，可以自由交往、自由结伴、自由互动。区角活动中的个别活动给不同能力和兴趣、需要的幼儿提供了自主学习和合作学习的机会。

个别活动最大的特点是满足了幼儿的个体需要，给幼儿提供了自主活动的机会，同时，教师可以因材施教，对幼儿进行个别指导。但是，个别活动中由于活动内容和活动方式不同，因此，教师的指导也要求具有针对性，这对教师的指导能力是一个挑战。

一般来说，幼儿年龄越小，越适合个别活动、小组活动。这是因为年龄小的幼儿各种经验比较贫乏，各方面发展水平比较低，常常需要成人更多的支持与指导，而且，幼儿年龄越小，个体间的差异越大。而个别活动、小组活动的课程实施形式相对于集体活动，更有利于教师照顾幼儿的个体差异，针对不同幼儿的兴趣、需要和特点，及时调整活动环境与材料，及时给予提示、建议等，进行个别指导，以更好地促进每个幼儿在原有基础上的发展。另外，年龄小的幼儿注意稳定性差，且容易分散，而个别活动、小组活动的形式以幼儿的自主活动为主，不是以需要付出意志努力的被动听讲为主，这就有利于幼儿集中注意投入活动。最后，年龄小的幼儿的活动受情绪的影响较大，常常遇到困难就容易放弃，而个别活动、小组活动的课程实施形式中，教师与幼儿近距离的接触有利于情感的交流与传递，使幼儿产生积极的情绪与成功的体验，从而对活动起正向的推动作用。

第五节　幼儿园课程评价

评价是评定价值的简称。从本质上讲，评价是一种价值判断的活动，是对客体满足主体需要程度的判断。所谓课程评价，就是以一定的方法、途径对课程的计划、活动以及结果等方面的价值或特点做出判断的过程。课程评价可以改进课程，对课程进行比较和选择，了解目标达成度，判断课程实施的成效及改进教学。近几十年来，课程评价在教育科学领域中已作为一个独立的研究方向出现。

一、幼儿园课程评价的定义

幼儿园课程评价在我国起步较晚。幼儿园课程评价是指针对幼儿园课程的特点和组成要素，通过搜集和分析比较系统、全面的有关幼儿园课程的计划、活动以及结果等方面的资料，科学地判断幼儿园课程的价值和效益的过程。简单地说，幼儿园课程评价就是要探索：课程的编制和实施是否符合教育目的和儿童特点的要求；通过课程的学习，是否收到了预期的效果；课程在什么方面需要改进；等等。

二、幼儿园课程评价的要素

幼儿园课程评价在整个课程系统中占有举足轻重的地位，因为它既是幼儿园课程运作的终点，又是幼儿园课程继续发展的起点，伴随着课程运作的全过程。

(一)幼儿园课程评价的目的

1. 完善原有课程或者开发课程

由于课程评价具有诊断与修订功能,通过评价,可了解幼儿园课程计划的完善与否,帮助幼儿园发现现有课程的不足,找出出现问题的原因和影响因素,对课程评价的结果做出解释和提出修订的建议,因此,课程评价可以为幼儿园调整、改进原有课程提供依据。当然经过课程评价后,幼儿园还可以在改革原有课程的基础上进行新一轮幼儿园课程的开发和编制。

2. 课程成效的判断

一项课程计划在实施后究竟会收到哪些成效,可以通过评价全面衡量,做出判断。这种判断不同于对目标达成程度的了解,而是对效果的全面把握,包括对那些预定目标之外的效果的把握。因此,幼儿园课程评价可判断和把握幼儿园课程编制计划实施后所取得的全面成效,包括幼儿园课程计划与实施、情况幼儿发展水平、教师发展水平和幼儿园办园质量水平等方面。

3. 管理与改革课程

课程评价具有鉴定功能。对不同的课程方案,通过评价可以了解其在课程目标、课程结构、课程实施及实际效果等方面的优劣,从整体上判断其价值,进而对课程做出选择。因此,幼儿园课程评价还能帮助幼儿园对来自国内外的多种课程方案进行鉴定,对课程的性质、特点、适用范围等做出价值判断,然后决定课程的推广与否,从而使行政人员能在幼儿园层面对幼儿园课程进行有效管理。

另外,幼儿园课程评价还能确定国家或地方宏观的、总体的课程目标是否符合现代生活对幼儿发展方面的特定要求,确定课程内容是否有科学性,明确课程指导思想和课程文本在幼儿园实施中存在的问题及需改革的方面,从而在宏观的层面,如国家、地方层面,为整体的幼儿园课程改革提供客观的依据。

(二)幼儿园课程评价的对象

国外有学者提出把美国著名课程论专家施瓦布提出的四个课程要素,即教师、学习者、教材及环境，作为课程评价的对象。由于幼儿园教育的特殊性，幼儿园课程评价的内容非常宽泛，几乎涵盖幼儿园保育、教育活动所涉及的所有方面。但一般而言，幼儿园课程评价对象主要集中在三个大的方面。

1. 对幼儿园课程方案本身的评价

评价时可重点考查幼儿园是否有完整的课程方案；课程方案是否依据了科学的原理或理论；各个课程要素是否高度一致并符合原先的课程理念和课程价值取向；课程方案的科学性和可行性如何，即一日活动安排及各活动的时间比例是否科学合理，是否可以贯彻落实；课程方案的适切性如何，即课程适合各年龄幼儿发展水平的程度、课程满足幼儿整体和个人需要的程度；课程方案中的课程内容是否体现启蒙性、平衡性、地域性，并贴近幼儿的经验；幼儿园课程管理与保障机制是否有利于形成教师的课程意识，提升教师课程开发与实施的能力。

2. 对幼儿园课程实施过程的评价

评价包括幼儿在课程实施过程中的反应，幼儿的主动性、参与性、情绪态度及教师的态度与行为等，以及在课程实施过程中教师处理课程新观念的水平和能力、教师理解和实施新课程的程度、教师在课程实施策略方面的知识和技能、课程实施中的环境和资源等。

在具体对幼儿园课程实施过程进行评价时可重点考查教师教育行为中教育环境的创设、教育教学活动的设计组织及与幼儿的互动三个主要方面。

（1）教育环境的创设

评价主要看教师在时间和空间上是否为幼儿营造了安全、温馨的氛围，保证幼儿自主地开展活动；是否创设了能激发幼儿兴趣和积极性的环境，使环境成为课程的组成部分；在各类活动中教师是否提供了适宜的活动材料，是否注重材料的丰富性和多功能性，是否有助于幼儿自由选择、探索与表现。

（2）教育教学活动的设计组织

评价主要看教师活动目标的设定是否建立在了解幼儿的实际需要和现有发展水平的基础上；教育内容的选择是否切实可行，适合学前教育机构所在地的文化背景以及幼儿的发展需要；教育教学过程的设计能否引发幼儿生动活泼、积极主动的活动，促进幼儿自主探索与思考；教育过程中是否关注、重视来自幼儿的信息，并做出相应的回应，在必要时及时调整与修改活动计划；教育教学活动是否既符合大多数幼儿的发展水平和需要，又顾及幼儿的个体差异，使每个幼儿都取得进步，获得成功的体验。

(3)与幼儿的互动

主要看教师在活动过程中，是否关注幼儿与环境材料、幼儿与同伴之间相互作用的过程；是否能在观察的基础上，做出恰当的判断，并及时、积极地与幼儿互动，以有效地促进幼儿的发展。

3. 对幼儿园课程效果的评价

幼儿园课程效果的评价包括幼儿学习后的发展状况及幼儿发展状况与课程目标的符合程度；产生的非预期结果；教师课程实施能力的变化和教学水平的提高程度等。

由于幼儿园课程效果的评价重点可从幼儿的发展方面得到信息，因此，课程效果评价的主要内容为幼儿发展水平评价。幼儿发展水平评价要弄清楚幼儿达到预定课程基本目标的程度，即课程促进幼儿各方面发展的有效性如何。幼儿发展水平评价要注意评价内容的多元性，既要关注幼儿的情感、态度、自理能力以及适应集体、自我认识、遵守规则、交往合作、探索欲望等方面的情况，也要关注幼儿在活动中的投入程度及具体表现。

(三)幼儿园课程评价的人员

为了做到课程评价的全面性、科学性和有效性，幼儿园课程评价的人员要有广泛性，行政管理人员、园长、教师、幼儿以及家长均应是幼儿园课程的评价者。这样，就能了解和关注所有对幼儿发展有影响的环境因素与教育实践，以便更好地促进幼儿的发展。

当然，具体确定哪些人充当课程评价的人员，特别是确定专业评价人员时，还要进行综合考虑。

(四)幼儿园课程评价的标准和指标

幼儿园课程评价标准是指衡量幼儿园课程设计、实施状况和实施效果的标尺。幼儿园课程评价指标是评价标准的具体化，是可测量、行为化的评价标准。设计幼儿园课程评价指标时，可采用因素分解法和内涵分析法。

因素分解法指抓住事物的全部属性或相关属性，把因素群作为相关指标。所谓因素群，就是把和被评价对象有关的因素确定为指标。就幼儿园课程的内涵而言，其因素群可涉及课程方案、课程实施和课程效果等，评价者可以依据这些因素的全体来设计评价指标。

内涵分析法是指从内涵的分析入手，抓住事物的本质属性，然后把这一属性的行为性外在表现确定为指标。被评价的事物有多种属性，为了对事物做出科学的评价，须做出深入的分析，抓住其本质属性，再把反映其本质属性的外在表现确定为指标。例如，兴趣的概念是“个体对学习活动的一种积极认识倾向和情绪状态”，那么对儿童兴趣的评价，就可以从儿童参与活动的主动性和情绪状态等指标来判断。

一般来说，评价的指标体系除了包括由一系列具体指标所组成的指标集合外，还包括指标的权重系数。权重系数是每一指标重要程度的数量标志。确定权重时可采用专家咨询的方法，请一些专家或有经验的专业人员在其经验的基础上为指标体系评定权重，再经过某种统计处理方法确定结果。

在设计幼儿园课程评价指标时，应遵循以下的一些原则，以保证课程评价指标的科学合理性。

第一，幼儿园课程评价指标应当体现课程的改革方向。

幼儿园课程改革倡导的观念和实践做法应体现在幼儿园课程评价指标中。如课程改革强调幼儿园教育环境的创设和师幼互动，幼儿园课程指标评价应涵盖教育环境创设和师幼互动的内容。

第二，幼儿园课程评价指标应当与课程目标一致。

课程评价主要是考查课程预期目标的实现情况，因此，幼儿园课程评价指标在方向上应与幼儿园课程价值取向和课程目标相符合。

第三，幼儿园课程评价指标应当具有可操作性。

幼儿园课程评价指标在实施时是可行的，为此，要考虑评价指标的信息是否可以通过观察、问卷、测量等途径搜集到。

第四，幼儿园课程评价指标应当体现课程设计和实施的主要内容。

幼儿园课程涉及的内容较多，影响幼儿园课程实施及成效的因素也很多，幼儿园课程评价指标无法面面俱到，应抓住课程的主要方面来设计和确定课程评价指标。

第五，幼儿园课程评价指标应当多元化。

人作为个体性的存在,其个体的自我创造活动造就了多元性。所以,幼儿园课程评价应打破“一刀切”的评价模式和整齐划一的单维度评价标准,关注个体差异,注重综合评价,实现评价指标的多元化。

学前教育专家和有关行政人员曾就幼儿园课程评价指标做出了一定的探索。如项宗萍(1995)根据因果关系模型及一些相关因素分析,提出了对教育过程进行评价的如下指标。

(1)教师对儿童活动的安排

①让儿童使用玩具材料的时间占非餐点时间的比重;

②让儿童自选玩具材料与操作内容的时间占学与玩时间的比重;

③伙伴交往时间占非餐点时间的比重;

④安静、守纪律与等待时间占非餐点时间的比重;

⑤非学前技能的学与玩时间占非餐点时间的比重;

⑥无目的、无材料、无教师差异的自由活动时间占非餐点时间的比重。

(2)教师行为

①教师在一日活动中对儿童亲切温和与尊重儿童人格态度的用语;

②教师听儿童说、关注儿童情绪态度变化的频度;

③教师对儿童积极肯定评价的频度;

④教师参与儿童学与玩的频度;

⑤教师面向每一个儿童的行为取向;

⑥教师完全脱离儿童活动的时间占非餐点时间的比重。

(3)儿童活动的积极性

①儿童在幼儿园时言语伴随的频度;

②儿童在幼儿园时与伙伴交往的频度;

③儿童在幼儿园时无所事事行为的频度。

三、幼儿园课程评价的类型、价值取向和方法

(一)幼儿园课程评价的类型

依据不同的标准,幼儿园课程评价可以有多种不同的分类方法。根据评价的作用性质,幼儿园课程评价可分为形成性评价和总结性评价;根据评价的方

法，幼儿园课程评价可分为量化评价和质化评价；根据评价关注的焦点，课程评价可分为内部评价和结果评价。

1. 形成性评价和总结性评价

形成性评价和总结性评价是美国课程专家斯克瑞文于 1967 年在《评价方法论》一文中提出的两种评价类型。

幼儿园课程形成性评价是指在幼儿园课程实施过程中，对过程中所表现出的各种现象进行评价。它是在幼儿园课程实施尚处于发展或完善过程中进行的，主要目的在于搜集课程实施过程中的不足，作为进一步修订和完善课程的依据。由于形成性评价更多地采用了开放的、即时的评价方式，特别是对情感态度领域和学习过程的评价，所搜集的资料和判断的标准可能都会因时而变、因人而异，其标准无法统一，其评价的过程和程序也没有统一的规范。

幼儿园课程总结性评价是在课程实施之后进行的，旨在获得幼儿园课程质量总的情形的评价。总结性评价主要目的在于搜集资料，对幼儿园课程计划的成效做出整体的判断，作为推广采用课程计划或对不同课程计划进行比较的依据。总结性评价具有综合性，以判断幼儿园课程编制的成就，它的关注点集中在整个幼儿园课程的效能上。

幼儿园形成性评价是一种过程评价，可以在幼儿园课程设计的初始阶段，提供具体而又详细的反馈信息，让课程编制者随时了解问题之所在；也可以在幼儿园课程的实施阶段，对课程实施过程所表现出来的各种现象，运用测验、观察、问答等方法进行评价，提供不同幼儿对课程内容的掌握程度，或者提出为了达到目标，每个幼儿还需要进一步学习哪些内容及教师和幼儿对课程的态度等方面的反馈信息，指导编制者对幼儿园课程进行调整、修改。

当课程计划尚处于实施状态时就通过评价去改善它，比只是评价它实施后造成的结果更有意义，更能提高幼儿园教育和幼儿学习的有效性。因此，幼儿园应注意使用形成性评价，注重课程计划的各个组成部分，寻求课程实施过程中有意义的变量和影响因素。幼儿园应加强课程实施的过程管理，通过课程评价中的形成性评价，动态把握课程实施情况，并及时做出科学合理的调整。

但当判断幼儿园课程是否有价值、是否起到了有效的作用、是否值得采用和推广时，则需要使用总结性评价。通过总结性评价，检查幼儿最终掌握课程内容的程度、幼儿各个方面是否都有一定程度的发展，最终确定不同幼儿各自达到的不同水平和彼此的相对位置，并根据结果就整个课程编制是否有效得出结论。

2. **量化评价和质化评价**

所谓量化评价，就是力图把复杂的课程现象简化为数量，从数量的发现与比较中推断某一评价对象的成效。幼儿园课程量化评价就是指搜集定量的材料，对材料进行科学的分析、比较，并在此基础上做出有关幼儿发展状况、幼儿园课程计划和实施情况等的评价。

量化评价的方法论基础是科学实证主义，他们认为只有量化的数据才是客观可信的，课程评价多采用实验处理的方式。为了使评价结果具有信度和效度，必须控制课程以外的各种变量，以免干扰人们了解实验处理与实验结果之间的关系。而且，评价者必须严格采取中立的态度，防止带有个人倾向。他们把注意力集中在儿童身上，并常常把测试分数当作主要数据，以便用来与其他儿童相比较。

所谓质化评价，就是力图通过自然的调查，全面充分地揭示和描述评价对象的各种特质，以显示意义、促进了解。幼儿园质化评价，就是指幼儿园利用问卷调查、观察、访谈等方法，了解课程计划的实施情况，并利用所获得的资料对课程方案、课程实施及效果进行评价。

量化评价的方法论基础是人文主义或自然主义。他们反对把复杂的教育现象和课程现象简化为数字，因为社会现象是很复杂的，各种事物都是相互关联的，不可能分割开来分别加以研究。在他们看来，人类的行为表现都是与特定情境联系在一起的，若要了解它们，必须将它们置于原来的情境之中。而且，评价者作为一个人，要完全排除个人主观倾向是不可能的。所以他们主张评价者与实际情境的交互作用。换言之，课程评价者要从课程设计者和实施者的角度来看待课程计划。质化评价搜集的材料大多是定性的，而不是定量的。通过与参与者的交谈和讨论所获得的材料可用来作为评价的依据，评价者通过观察获得的主观印象也可作为评价的材料。所以，他们更多的是对实际情形进行文字描述，而不是数据分析。

由于幼儿园课程评价对象更多的是复杂的人的主体行为，因此，幼儿园在课程评价中应多采用自然主义的质化评价方法，用调查、访谈等方法了解课程方案、课程方案的实施情况及效果，并利用所获得的资料对课程方案、课程方案的实施情况及效果进行评价。同时,幼儿园课程评价还可结合量化评价的方法。当需要对课程实施中的某个细节问题做进一步的探究时,幼儿园往往采用实验处理的量化评价方法。特别是当涉及幼儿健康等方面的发展状况与水平的评价时,教师往往采用测试等量化评价方法。因为量化评价的恰当使用,能凸现教育现象和教育问题,提供有说服力的证据。

3. 内部评价和结果评价

内部评价关注评价课程计划本身。至于课程计划实施的效果,则在评价关注的范围之外。幼儿园课程内部评价是指课程评价者就幼儿园课程方案所包括的特定内容,包括课程目标的适宜性、课程内容的正确性和课程内容组织的方式等,来评价幼儿园课程计划本身的价值。如果课程计划设计得好,并有可靠的基础,就能有效促进儿童的发展。

结果评价关注评价课程实施效果。幼儿园课程结果评价是对课程计划实施后的实际结果的评价,关注幼儿园课程达到教育目标的实际情况。泰勒认为,评价过程实质上是一个确定课程与教学计划实际达到教育目标的程度的过程。结果评价主要用来考查课程方案对儿童所产生的结果,但也可以用来考查对教师和行政人员产生的结果。

内部评价取向者认为,重要的价值实际上表现在课程本身,而不是表现在课程所要达到的结果上,同时,考虑到测验工具和评分程序的缺陷,所以他们直接考查课程计划,而不是去看儿童的发展水平。而结果评价取向者认为,评价所要做的,是客观记录儿童实际达到规定目标的情况,这是实在可靠的。但这种评价一般关注的是课程的短期结果,只有极少数关注长期结果。

内部评价和结果评价,一个关注过程,一个关注结果,代表两种不同的取向,但二者具有互补性,在幼儿园课程评价中应注意结合使用。

(二)幼儿园课程评价的价值取向

课程评价的价值取向是指每一种课程评价所体现的特定的价值观。评价的取向支配或决定着评价的具体模式或操作取向。根据幼儿园课程评价的类型,幼儿园课程评价可归纳为目标取向的评价、过程取向的评价和主体取向的评价。

1. 目标取向的评价

目标取向的评价是把幼儿园课程评价视为课程计划或方案与预定课程目标相对照的过程。在这里,预定的课程目标是幼儿园课程评价的唯一标准。这种评价取向的课程评价类型多为量化评价和总结性评价。

目标取向的评价追求“客观性”和“科学性”。幼儿园往往将预定的课程目标以行为目标的方式来陈述,评价的目的是获取被评价的课程计划是否达到预期结果的数据。具体而言,就是到了一学期末,以测验的方法来看幼儿是否掌握了相关内容,并以此来考查教师是否完成了课程目标。这种评价取向虽然简便易行,但忽视了人的主体性,尤其忽视了被评价者的主体性、创造性以及体现高级心理活动的过程性,也忽视了教育过程中的种种不可预测性。

2. 过程取向的评价

过程取向的评价强调把教师与幼儿在课程实施过程中的全部情况都纳入评价的范围,强调评价者与具体评价情境的交互作用,凡是具有教育价值的结果,不论是否与预定目标相符合,都应受到评价者的支持与肯定。这种评价的基本类型既有量化评价,也有一定的质化评价,同时,又注重形成性评价。

过程取向的评价在本质上强调评价者与被评价者的交互作用,强调评价者对评价情境的理解,强调过程本身的价值。这种评价取向的价值在于承认评价是一种价值判断的过程,把人在课程实施中的具体表现作为评价的主要内容,对人的主体性、创造性给予一定的尊重。但该评价取向仍没有走出目标取向的藩篱,对教师教育教学工作的评价往往来自幼儿园的管理者,对人的主体性的肯定还不够彻底。

3. 主体取向的评价

主体取向的评价是一种价值判断的过程,但这种价值是多元的,在课程评价过程中,无论是评价者还是被评价者、教师还是幼儿,都是平等的主体。主体取向的评价反对量化的评价方法,主张质化评价。

主体取向的评价强调多元性,强调教师与幼儿不是幼儿园课程评价的客体,不是被动地接受评价的对象,而是课程评价的主体。

(三)幼儿园课程评价的方法

幼儿园的课程评价对象主要涉及课程方案、课程实施过程及课程实施效果三方面,因此,幼儿园课程评价的方法也是复杂多样的。对课程实施效果——幼儿发展的评价,涉及的指标较多,因此方法更多样化。对幼儿发展评价的方法几乎包括了对幼儿园课程方案和对幼儿园课程实施过程的评价方法,为避免重复,这里只介绍评价幼儿发展水平的方法。

1. 观察法

观察法是指评价者有目的、有计划地对发生的现象或行为进行观察、记录和分析,以搜集评价资料的一种方法。

对幼儿的观察以自然观察为主,教师要搜集大量真实的、通过自然观察所获得的资料,以获得丰富的反映幼儿发展状况的事实依据。同时,也可根据需要,进行情境性观察,即将幼儿置于一定的、与现实生活类似的情境中,由评价人员进行观察,对幼儿的表现进行评估。为保证评价的科学性,运用观察法时,教师可进行记录。观察记录可以采用文字描述的方式,也可以运用录音、摄像、照相等方式。

2. 访谈法

访谈法是指评价者有目的、有计划地与幼儿进行交谈以搜集评价资料的一种方法。这种方法不受文字理解力的限制,且可以深入交谈,较适合幼儿。

教师在日常生活中要提供时间、机会与幼儿交谈,让幼儿表述自己的感受和经验,教师要注意倾听幼儿的真实想法。教师还要经常与其他工作人员和家长交谈,以便更全面、准确地了解幼儿的发展情况。

3. 表现评估法

表现评估法也称表现测试法,主要用于幼儿健康水平和运动水平的分析与评价。幼儿园可对幼儿进行定期的体质测定,以了解幼儿体质发展的现状及变化趋势。

4. 作品分析法

作品分析法是指评价者有目的地搜集幼儿的作品作为评价资料，以获得幼儿某方面的发展水平与状况的方法。教师可根据评价的需要，有选择地搜集幼儿的作品，以评价幼儿该方面的发展水平。

5. 问卷调查法

问卷调查法是指评价者通过书面形式向被调查者提出经过严格设计的问题，从而获取评价资料的方法。

教师可根据需要设计问卷，了解幼儿在幼儿园内外的生活经验和学习经验，广泛搜集有关幼儿发展情况的信息。可以调查保教人员、家长等，也可以直接询问幼儿，由成人填写。

6. 档案袋评定法

档案袋评定法是一种综合性的评价方法，它是指评价者搜集对幼儿长时间内的发展进行的观察与记录，幼儿在学习过程中创作的作品，师幼间、同伴间以及幼儿与家长间有价值的交谈记录等档案资料，经过整理后进行评价，以反映幼儿在一段时期内的学习过程与成长轨迹。

从语义分析来看，档案袋的英文是“portfolio”，有“代表作选辑”的意思。最初使用这种形式的是画家及摄影家，他们把自己有代表性的作品汇集起来，向他人展示。档案袋评定法应用到教育上，也是汇集学生作品的样本，但它的目的是展示学生的学习和进步状况。

档案袋评定法作为一种质化评价方法，适用于形成性评价，可以反映幼儿发展过程中的努力和进步。使用这种方法可以将幼儿的各种作品和相关资料搜集和积累起来，为幼儿发展水平的评价提供全面、丰富、生动的信息。教师对幼儿发展水平的评价不再是只通过一两次测验或访谈做出的，而是在回顾一段时期内积累的各种资料的基础上做出的，使总结性评价与形成性评价结合起来，保证了评价的准确性。

一般来说，档案袋包含的内容可以涵盖幼儿的身体、动作、认知、言语、情感及社会能力等多个发展领域，其具体形式也是丰富多样的，主要有：

(1)作品样本。传统评价往往不考虑幼儿作品样本的搜集。而实际上，作品搜集是表现儿童成就与努力过程的最佳方式。幼儿的作品样本既可以是用纸和笔呈现的写字或算术作业、绘画，以及家长或教师整理的讲故事记录等，也可以是其他形式作品、活动的照片、录音或录像。

(2)观察记录。对于比较复杂的行为和情境，教师必须进行结构性的观察，而且要有观察记录，以搜集有关幼儿发展情况的可靠信息。至于观察记录的方式，可以是佚事记录，也可以是填写表格，条件允许的话还可以用摄像机连续记录。

(3)各种测验和调查的结果。观察会受时间和空间的限制，也会受到主观因素的干扰，所以这种形式还要与一些正式或非正式测验、访谈、问卷等其他评价手段配合使用。

应该说，只要是与幼儿发展有关的信息，如幼儿的日记、阅读过的图书目录、与他人谈话的录音、自我反省的记录，以及教师为幼儿制订的个别教育计划、家园联系本等，都可作为档案袋所包含的内容。但必须指出的是，档案袋不只是装满各种材料的容器，它是幼儿作品及相关证据的有系统、有组织的集合。

以上是几种幼儿发展水平的评价方法。在具体评价时，评价人员可根据需要，有侧重地选用某一种方法或综合采用多种方法搜集资料，以全面评价幼儿各方面的发展水平。

对幼儿园课程方案和课程实施过程的评价方法，除了对幼儿发展评价中所用到的观察法、访谈法、档案袋评定法等方法外，还可运用查阅资料法。查阅资料时可对幼儿园保存的关于课程方面的材料进行阅读、整理和统计，以获得课程评价方面的信息，包括课程方案和计划、课程实施的情况、课程内容与教材的选用、课程实施的效果等。

四、幼儿园课程评价方案的制定与评价过程

(一)幼儿园课程评价方案的制定

评价方案是整个评价过程的蓝图。要从事一项课程评价，首先应致力于评价方案的设计。课程评价方案是依据一定的评价目的，根据教育活动和评价活动的一般规律，对评价的内容、范围、方法、手段和程序等方面加以规范的基本文件。幼儿园课程评价方案中应包括以下一些主要内容。

1. 明确课程评价目的

课程评价的目的，是在对评价的指导思想、被评价对象的特征和开展评价的主客观条件等进行深入细致分析的基础上提出的。评价目的直接影响课程评价方案的设计，是整个评价过程的指南。每一项具体的课程评价均可能有不同的目的，在幼儿园课程评价方案中应对评价目的加以简要、清晰的阐明，使幼儿园课程方案的设计者在思想上更加明确，同时也为幼儿园课程评价的操作者提供确切的方向和准绳。

2. 确定课程评价对象

确定评价对象，也是设计评价方案的前期工作中的重要内容。不同的课程评价目的使课程评价所指向的范围有所不同，而评价的对象不同，随后制定的评价标准、选用的评价方法也会发生变化。因此，幼儿园课程评价方案还要幼儿园课程评价者根据评价的目的，明确课程评价指向的对象，决定课程评价的焦点是整个课程计划，还是课程实施过程或课程实施效果。

3. 确立课程评价标准与指标

幼儿园课程评价方案中最关键的工作就是评价标准与指标的确立。评价标准与指标是评价方案的核心部分，规定幼儿园课程评价如何评、如何确定等级和分数，从而保证得到科学的评价结果。

(二)幼儿园课程评价过程

有学者提出，一项完整的幼儿园课程评价过程应遵循以下的程序：

1. 制定课程评价方案

确定课程评价目的与对象，即幼儿园课程评价要评些什么内容，集中于所要评价的课程现象，并确立相应的课程评价标准与指标。

2. 确立课程评价人员

根据课程评价对象组成相应的课程评价人员队伍。

3. 描述所需资料

依据课程评价的对象和问题，评价者要确定哪些资料和信息是不可缺少的、需要进行全面搜集的。

4. 制订课程评价计划

在着手评价前，制订课程评价计划，为评价的各个不同方面拟订目标和时间表，并确定用怎样的手段、工具和方法去搜集信息。

5. 依照课程计划搜集信息

课程评价人员根据课程评价计划有目的、系统地运用多种评价方法搜集评价所需的资料和信息。

6. 整理、分析及解释材料

课程评价人员对所搜集到的资料和信息进行编码、组织，并运用恰当的分析技术，对处理过的材料进行解释，初步获得课程评价结果。

7. 完成并反馈课程评价报告

课程评价人员要根据课程评价的目的，将初步的评价结果以最终评价报告的形式及时反馈给被评价者。课程评价报告要以详细的统计数据和原始资料作为依据，切忌主观臆断。

8. 对课程评价的评价

对所完成的课程评价全过程进行鉴定和判断，并根据反馈做出适当的调整与修改。包括课程评价理念是否清晰、适切；课程评价范围是否适宜、可行；搜集和加工的信息是否具有可靠性、客观性、代表性和概括性；报告评价结果的传递是否及时、自由；等等。

五、幼儿园课程评价的理念及原则

在实施幼儿园课程评价时，评价人员应树立科学的理念，并遵循一定的原则。

(一)幼儿园课程评价的理念

1. 促进幼儿园课程不断改进与提高

课程评价在产生之初,主要是用于对课程结果的判定。根据泰勒的解释,当时课程评价的对象主要是学生,评价的依据是课程改革前后学生行为的变化,根据学生行为的变化来确定课程改革的成果。泰勒的这一课程评价思想影响和支配课程评价研究30年之久。

从20世纪60年代开始,由于美国大规模课程改革的推动,课程评价观念也有了相应的变化。1963年,美国课程评价专家克龙巴赫在《通过评价改进教程》一文中明确提出,课程评价能做出的最大贡献是确定课程需要改进的方面。20世纪60年代中后期出现的许多课程评价模式大都认识到评价对课程的改进作用。

2001年我国教育部颁布的《幼儿园教育指导纲要(试行)》将教育评价作为与总则、教育内容与要求、组织与实施相并列的四个部分之一进行了专门阐述,提出了将评价的价值定位在发展的功能上。所以,幼儿园课程评价不能以区分评价对象的优劣为目的,重视评价分等鉴定的功能,而是应以诊断和改进幼儿园课程、促进教育活动的参与者(尤其是幼儿与教师)在原有基础上得到发展为最终目的。因此,幼儿园应树立促进幼儿园课程不断改进与提高的评价理念,实施以发展为导向的课程评价。

2. 实施主体取向的课程评价

幼儿园课程评价是评价者与被评价者、教师与幼儿共同建构意义的过程。在评价情境中,不论评价者还是被评价者,不论教师还是幼儿,都是平等的主体。教师作为课程情境的“内部人员”,在课程评价中具有主体性,而不是被动的、供“外部人员”评价的对象。幼儿作为课程效果评价的主要对象,也应成为课程评价的主体,是意义建构中不可或缺的组成部分。另外,主体取向的课程评价还要求幼儿园在评价方式上强调质化评价,而不是过多地采用标准化测试。

3. 坚持课程评价主体的多元化

从理论上来说，课程评价应该有各种不同类型的人员（如课程专家、管理人员、教师、幼儿以及家长等）的共同参与，特别是应该有教学一线人员的加入。因为评价的功能不仅是对课程实施结果的考查，而且还有对课程进行诊断、比较、修订等多项功能。作为课程实施主体的教师通过参与评价，了解课程发展过程的全貌，就能深入理解课程的性质与目标，进而采取有效的方法主动完成课程所规定的各项任务，解决课程实施中存在的问题。而吸纳家长、课程专家、管理人员和幼儿等各方面人员参与到课程评价中来，可从不同的角度对课程方案、课程实施过程和效果进行检查，从而得到比较全面的评价结果。

（二）幼儿园课程评价的基本原则

1. 发展性原则

幼儿园课程评价不仅仅是为了鉴定幼儿园的办园质量和课程水平，其终极目的是促进发展。幼儿园要充分发挥课程评价的反馈调节功能，通过课程评价建立起自我发展、自我完善的机制，即逐步形成通过课程评价促进幼儿发展、教师专业成长和幼儿园可持续发展的有效机制。由于幼儿园课程评价更多的是由教师做出的对幼儿发展水平及教育教学活动的评价，所以，特别要注意建立教师发展性评价的体系，强调通过课程评价促进教师对自己的教育理念、教育态度、教育行为和教育效果的分析与反思，提升教师的教学能力与水平。

2. 主体性原则

幼儿园课程评价应充分发挥幼儿园的主体作用，创设幼儿园自主发展的空间，调动幼儿园办园的积极性、主动性和创造性，构建自我评价机制，增强办园过程中的自我反思、自我发展和自我完善的能力。

幼儿园课程评价还要注意发挥教师的主体性，让教师运用幼儿发展、学前教育原理等专业知识审视课程实践，发现、分析、研究和解决问题，从而不断地提高教师自身的专业能力与教学水平。自评是对课程实施过程进行分析和反思，是教师主体性的反映，因此，幼儿园课程评价应该强调发挥教师的主体性，以教师自评为主。即使是园长或他人组织的课程评价活动，也要尊重教师的主体地位，因为任何的外部评价和结果评价所提出的结论、意见及改进措施都要经过教师的理解、同化和接受，才能加以落实。

3. 过程性原则

幼儿园课程评价要充分关注幼儿园课程建设和发展的过程，以形成性评价为主。幼儿园要加强课程实施过程的评价，及时发现问题、解决问题，并与改进措施相衔接，以不断调整和完善原有的课程。

4. 多样性原则

幼儿园课程评价的类型和方法要有多样性，应将各种类型的课程评价方法结合使用，多渠道、多途径搜集有关幼儿发展状况、教师教育行为及幼儿园课程建设情况的信息和资料。要将形成性评价和总结性评价、内部评价和结果评价有机结合，注意发挥质化评价与量化评价的不同作用。

5. 全面性原则

幼儿园课程评价要根据课程目标，改进和完善原有的课程评价体系和指标，重视评价内容的全面性。幼儿园课程评价是一个涉及课程方方面面的工作，特别要注意对儿童发展的评价不能代替对课程本身的评价，不能把二者等同起来。

第三章

幼儿园课程形成的方式

幼儿园课程是有目的、有计划的教育行为,预设课程是教育计划性的直接表现,是使教育目的、课程目标得以实现的重要保证。然而,由于课程实施涉及的因素复杂多样,包括环境材料、师资水平、幼儿兴趣等,其中任何一个因素的变化都可能影响到幼儿园课程实施,从而使幼儿园课程除计划性、稳定性外,还具有不定性及动态性,生成是其主要的表现形式。美国幼教专家卡洛·科贝尔在《生成课程》一书的前言中谈道:“生成”,就是强调课程必须是从孩子和成人的生活中,特别是从孩子自身的兴趣中生长出来的;而“课程”则表明教师的存在、计划的存在。自发性和计划性,是生成课程的两个侧面。因此,预设与生成构成了幼儿园课程形成的两种方式。

第一节 幼儿园课程的预设

一、幼儿园课程预设的必要性及合理性

生成课程须特别关注幼儿的兴趣和需要。因为大量的心理学研究成果表明,幼儿的兴趣、需要及已有的经验是学习的动力和基础。为了促进幼儿的健康成长,引导幼儿进行有效的学习,教育者必须关注幼儿,关注他们的兴趣和需要。但是否还应该预先设计目标非常明确的课程呢?

其实,强调课程的生成,并不否认课程的目的性。预设是教师有目的、有计划地进行的设计。凡事预则立,不预则废。预设是教育的基本要求。教育是有

目的、有计划的活动，没有对目的的判断，便不成其为教育。课程是把教育目标变为现实的桥梁，是实现教育目的的手段，目的性是课程永远抹不掉的特征，任何课程都是有目标的。这就要求课程实施从一定的目标出发进行不同程度的预设，从而使课程实践最终导向幼儿的发展目标。因此，预设课程从理论上讲，在贯彻党的教育方针、保证幼儿教育目标的实现方面是有价值的。而且，任何教育教学的运行也需要一定的程序，没有预设的课程实践是盲目的。既然教师是课程实施的管理者、组织者、主导者，教师就应进行预设，确定课程目标、课程内容及实施过程，将幼儿的发展纳入一个科学有效的“跑道”。预设课程最大的特点在于它的目的性较强，教师相对容易把握。如果课程设计得比较好，教育目标就容易落实，能够保证儿童的基本发展。总之，预设对幼儿的发展具有重要的价值，幼儿有效的学习离不开教师精心的支持和帮助，离不开教师高质量的预设。

另外，教师的预设在一定程度上要求与幼儿的兴趣、需要紧密相连，具有一定的合理性。预设本身就是教师根据所观察到的幼儿的兴趣安排的活动，是建立在幼儿原有的兴趣、需要基础之上的，是追随幼儿后的预设，只不过由于预设在先，没有表现出兴趣、需要的动态变化而已。而且，预设与幼儿的兴趣、需要并不矛盾。关注幼儿的兴趣、需要，追随幼儿的兴趣、需要，并不意味着否认课程的目的性，并不排斥预设课程的必要性，只不过将预设的目的带到了过程中，带到了幼儿的主动活动中。

二、幼儿园课程预设的内涵

“预设”是教师根据课程目标和幼儿的兴趣以及已有的经验，对环境布置、材料提供、活动内容和方式等进行事先有计划的设计和安排。教师可以把目标和内容渗透在环境中激发幼儿自己有目的的活动，也可以直接设计并组织幼儿参加活动。

（一）预设课程也是重视过程的

传统的预设课程，教师提问后，对于幼儿不正确的回答往往马上否定并及时纠正，追求一节活动课的即时效果。而如今更注重预设课程实施的过程，避免将外部的要求、结论灌输给幼儿。当预设课程开展中幼儿暂时无法得出科学的经验时,可以将幼儿的探索从一节活动课中拉长,让幼儿进行长时间探索,直到幼儿能够自己纠错、重新建构,获得正确的经验为止。

教师注重预设的过程,便会淡化对教育结果的追求。教师会更多地反思幼儿达成教育要求的途径和方法:幼儿是被动接受教师教育要求的,还是通过主动建构、主动探索来内化教师教育要求的。这样,就会避免从外部将教学的具体要求强加到幼儿的身上。注重预设的过程,会带来幼儿学习方式的根本转变,为传统的预设活动赋予新的内涵。

(二)预设活动也可能是生成的

预设活动的来源以前多局限于教科书或教师参考用书,多局限于书面课程的资源。如今,预设课程的来源拓展了,预设活动也可能是生成的。从教师的角度而言,教师在课程目标的指导下,预设的内容要尽可能多地考虑到幼儿共同的兴趣和关注的热点,在幼儿兴趣的基础上,从幼儿的生成中捕捉有价值的信息,抓住契机,进行预设活动,使教师预设的活动尽量符合幼儿的需要。

(三)预设的活动计划具有一定的弹性

传统的预设计划缺乏弹性,不仅束缚了教师,更束缚了幼儿。如今的预设计划是留有余地的,不要求教师把每一步都预设好,把每一个预设都框住。即预设是空间型的,教师设置一定的空间,给幼儿留下余地,使预设计划具有更大的自由度。在考虑教育活动方案时,多几种假设,多几种预设课程发展的可能性,以便能够在实施过程中应对幼儿的不同反应。只有这样,才会使传统的预设显露出生机,才会使预设课程中的生成成为可能。

(四)预设的活动计划的实施具有一定的灵活性

预设虽然也是一种有目的的计划,但其实施更富有灵活性。在预设活动中,幼儿会生成许多教师预先没有计划好的学习内容,需要教师在与幼儿的教学交往中,根据幼儿的需要和具体的情况做出灵活的反馈和应对。当发现幼儿真正感兴趣而且有价值的事物时,应不断调整原有的计划,改变原有的课程目标与内容,不断生成新的课程目标与内容,并创造条件让幼儿开展活动,满足幼儿的需要。预设活动中教师可采用多样化的教育手段,给幼儿提供自主活动的机会,使之有生成活动的空间,使之有开展自己生成活动的权利。

(五)预设的活动也可通过创设环境、隐蔽目标来进行

预设活动不仅是集体活动,也有其他不同的组织形式,如小组活动、个别活动;不仅有显性的目标,也有隐性的目标,如在区角活动中,教师的预设目标更有隐蔽性。教师更多的是创设环境,将预设目标附着在活动区内的操作材料、情境及相应的活动中,材料是课程目标的物质载体,它本身的特性及由这些特性所规定的活动方式,往往反映出教育目标,决定着幼儿可能获得什么样的学习经验、获得哪些方面的发展。

因此,预设活动应当灵活多样,教师往往可将目标转化为相应的环境创设和材料提供,诱发幼儿与环境和材料相互作用。

三、幼儿园课程预设的依据

对于预设活动,教师必须认真思考,精心选择,使活动既符合幼儿实际,又能有效促进幼儿发展。幼儿园课程预设可以依据以下几方面:

(一)幼儿成长中必须具备的基本经验

教育的目的是培养人,在尊重幼儿学习发展规律的同时,要结合培养目标和本班幼儿的实际,充分考虑幼儿的发展需要,对一些幼儿成长中必须具备的经验进行预设。

(二)幼儿共同的兴趣和关注的热点

幼儿关注的热点,往往是与他们的兴趣、需要密切相关的。在实践中,选择幼儿感兴趣的事物进行设计,往往能收到事半功倍的效果,因此,对这类事物的认知活动也可作为预设的内容。

(三)从幼儿的生成活动中转化而来

幼儿在一日活动中会出现许多生成的内容,而这些内容往往反映了幼儿的兴趣、需要,教师可以从中捕捉有价值的信息,抓住契机,进行预设。通过预设活动,既能使幼儿的兴趣得到满足,又能使幼儿的知识经验得到整合和提升。

第二节　幼儿园课程的生成

一、生成的提出

（一）传统预设课程的局限性

首先，传统预设课程最本质的特征是幼儿的学习成为教师有特定意图地指导和控制的结果，预设使教师将关注的焦点放在教师制定的教育目标的实现上。教师将教育目标、教育任务变成了死的规定、教条，过分注重根据自己的教育目标和教材内容出发，追求课程实施的结果，要求幼儿在规定的范围内做出反应，教师就在一个封闭的控制系统内部实现对幼儿行为的目标控制，努力塑造标准化的行为和反应。在这一课程实施过程中，教师成了控制中心，幼儿的主体性、创造性被抹杀了，幼儿的实际兴趣、需要和反馈被忽视了，幼儿对事物的理解和认识被成人化了，幼儿真实的、精彩的动态生成被冷落了。

其次，传统预设课程的实施过程中，教案成了组织中心，教师容易用它去套教育过程的每一个步骤，被教案牵着鼻子走。当教师预先设想的教育目标和教学程序与实际的活动进展情况不一致时，为了使预想的教学步骤能够有条不紊地进行，教师会人为排除教育环节中的不确定因素，忽视或排斥幼儿不合乎原定计划的行为和想法，以便有效控制幼儿按照既定的环节进行，以确保既定教学程序的顺利完成。

最后，由于教师本身水平有限，预先设计的教育方案不一定能考虑周全，再加上预设课程实施过程中有很多不确定性，很难准确地预测和控制，因此，预设方案往往有所欠缺。传统预设课程将课程看成静止的，可事先预测和控制的，由此产生了一系列的弊端，也使我们思考幼儿园课程实施中应树立的课程观，注重课程在实施过程中的生成。

（二）后现代主义目标观

后现代主义教育就教育目标观而言，是开放的、动态的、生成的，更强调课程的展开性目标、表现性目标，即不像过去一样单纯强调行为目标，而是更加注重在行动中或学习过程中培养学生的能力和素质。正如后现代主义课程专家多尔所描述的，它具有4R特点，即丰富性(rich)、回归性(recursive)、关联性(relational)和严密性(rigorous)。

后现代主义目标观强调目标既不一定是精确的，也不一定是预先设定的，而是一般性的、生成性的。由于课程实施涉及的因素众多且变化不定，特别是课程实施过程中幼儿的兴趣和需要会不断发生变化，他们会不断提出新的问题，因此，课程具有一种不确定性，课程实施必须保持高度的动态性，针对具体情况应不断做出调整、回应。教师在课程实施中不能固守统一、固定的目标和内容，应依据幼儿的先前经验和对幼儿的了解形成灵活的、适应幼儿兴趣和当前发展水平的目标和内容，并将其转化为幼儿活动的内在动机。这是一种动态的课程观，它要求教师除了注重课程的预设外，还应注重课程的生成性。

二、生成的含义

"生成"是指幼儿依据自己的兴趣、经验和需要，在与环境和他人的交互作用中产生的活动。教师为幼儿创设良好的心理和物质环境，关注、支持、引发幼儿的主动探索和交往，满足幼儿自主活动、自发学习的需要。幼儿与环境及他人的交互作用是基于自身的经验及兴趣爱好的，在交互作用的活动中，幼儿会自然显露出自己原有的经验及特殊的兴趣爱好，由此引申出的活动便是一种生成活动。

三、幼儿生成活动的特点

(一)"兴趣所致"的特点

幼儿生成活动可因幼儿的兴趣引发其对某一事物的探究而产生。由于个体的兴趣与需要的不同，幼儿生成活动的内容也可能不同。

(二)"经验基础"的特点

由于幼儿经验基础的不同或经验的缺乏，引发了幼儿对新事物或现象探索、了解的求知欲而生成活动。不同的生活经验会导致幼儿生成活动的切入点、路径和归宿的不同。

（三）“个体差异”的特点

幼儿个体之间存在差异，感受性和表现性也各不一样，因此，幼儿生成活动的内容、形式与呈现的方式都会有所不同。

（四）“同伴引起”的特点

幼儿生成活动可由同伴所关注的热点问题与难点问题而引起。不同年龄阶段的幼儿会对不同的生成热点感兴趣，同伴的问题往往会引起幼儿的共鸣，形成生成活动源。

（五）“环境诱发”的特点

幼儿生成活动可由特定环境刺激而产生。不同环境作用于不同个体，会引发不同的生成活动，同一环境作用于不同的个体，其生成的活动及效果也都不一样。

四、幼儿园生成课程的价值

幼儿的兴趣和需要是变化的，对幼儿有意义的、有生命力的课程应该是动态的。生成课程强调在活动中形成的课程内容，强调幼儿在教育过程中，在与教育情境的交互作用中所产生的自己的课程内容与活动。它能展现幼儿真实的学习过程，可有效地在课程实施中，将教育目标、课程目标与幼儿兴趣需要的满足紧密地联系起来，较好地统一起来。生成课程高度地关注幼儿能力的形成和个性的发展，在培育幼儿健全的人格、主动性、创造性等非智力因素方面更有优势，这与当今国家对教育的要求、社会发展的要求以及幼儿自身发展的需要也是一致的。由此，生成课程既考虑到幼儿的兴趣和需要，又能培养社会所需要的人。

生成课程中，幼儿不仅参与课程的实施，而且积极主动地参与课程的设计。教师在生成课程中，仍然发挥着主导作用，依据幼儿在活动中表现出来的兴趣、产生的问题和困惑，支持、帮助、引导他们去研究、探索，并和他们一起探究。这是一个师幼互动和相互应答的过程。正是在这个意义上，我们把生成课程称为师生共同建构的课程。

生成课程显然不是教师预先设计好的、在教育过程中不可改变的死板的计划，但也不是毫无目的、随意、自发的活动。它是在师幼互动过程中，教育者通过对幼儿的需要和感兴趣的事物的判断，不断调整活动，以促进幼儿更加有效地学习的课程发展过程，是一个动态的师幼共同学习、共同建构世界的过程。因此，只要教师树立动态的课程发展观，重视课程的生成，并不断挑战自我，积累课程生成的方法和时机，判断课程生成的意义与价值，就能发挥出课程生成应有的价值。

五、幼儿园生成活动内容的来源

课程生成的内容并不是毫无根据，任教师主观臆造的。教师要注意把握好生成活动的内涵和范围，随时关注、捕捉来自幼儿的生成内容。一般而言，幼儿生成活动的内容根据其生活的经验和范围，主要来源于以下几方面：

（一）幼儿当前学习的主题

教师当前开展的主题活动，使幼儿的兴趣中心都集中于此，教师传授给幼儿的经验不断与幼儿的原有经验相互作用，引发出幼儿许多与主题相关的生成活动，这类生成活动也往往是最多的。

（二）幼儿间的争执

幼儿在自主活动中，会遇到很多难点和问题，会犯各种各样的错误，容易引起幼儿间的矛盾和争执，这些矛盾和争执会慢慢演变为幼儿的生成活动。如就“超市能不能讨价还价”的问题展开争论，从而引发生成活动。

（三）幼儿身边的人

幼儿经常接触的人，常常会成为幼儿观察和互动的对象，容易引起幼儿的关注，刺激幼儿的生成活动。

（四）社会热点话题

幼儿是社会群体中的一员，社会生活中发生的变化，特别是社会生活中出现的一些热点问题，也会给幼儿带来一时的兴趣和刺激，幼儿容易就这些话题展开生成活动。

（五）自然现象和规律

人和自然共生共存，各种自然现象无时无刻不映入幼儿的眼帘，带给幼儿直接的体验，特别是一些突然的天气变化、罕见的天气现象更容易引起幼儿的兴奋，从而诱发他们的生成活动。

（六）幼儿的兴趣和突发事件

幼儿园的一日生活中，会发生各种各样的突发事件。这些突发事件会即刻引起幼儿的兴趣，成为幼儿即时关注的焦点，从而引发出幼儿的生成活动。教师要随时关注生活，关注幼儿的兴趣，根据幼儿的兴趣和生活中突然发生的、有教育意义的事件来调整教学计划。

六、幼儿园生成活动内容的普适性

幼儿是有个体差异的，其兴趣爱好、需要动机及经验水平也因家庭背景、认知方式等的不同而表现出一定的差异，并在动态的生成课程中真实地表现出来。有的幼儿思维活跃，性格外向，更喜欢向教师及同伴表露他们的兴趣、需要和经验，因此，来自这些幼儿的生成点就会更多。这是幼儿发展的不均衡性造成的，是一种正常现象，但这往往给教师生成内容的决策造成一定的难度，产生了个性与共性、独特性与普适性的矛盾。

面对个别性格外向的幼儿的生成活动，教师不能一味迎合，应进行价值判断，如果个别幼儿的特殊经验确实具有教育价值，值得共享提升的话，教师就必须“以点带面”，抓住个别幼儿的兴趣，将个别幼儿自发的兴趣、需要和个体经验加以引导、扩展，以引起其他幼儿的关注，成为大家共同的兴趣和经验。幼儿的兴趣、需要是有差异的，经验也是具有个体差异的，正如美国教育心理学家奥苏贝尔指出：“动机与学习之间的关系绝非一种单向性的关系。”这就是说，幼儿的兴趣既有自然、自发的兴趣，也有引导、激发的兴趣，有效的教育不仅要注重并激活幼儿原有的兴趣、需要，也要不断引导和培养幼儿新的兴趣、需要，因为幼儿毕竟不可能认识到所有适合自己发展的有价值的东西。因此，引导和扩展幼儿的兴趣、需要及经验是课程生成的重要技术与策略，教师应善于将个别兴趣推广，只有这样，才能做到生成内容的普适性，才能使教育既注重“个体差异”，又注重“面向全体”。从这一角度而言，生成课程中教师发挥的作用是巨大的，教师是将幼儿的情趣、兴趣和经验积聚在一个主题之上的核心力量。

例如，春节过后，幼儿谈论较多的是“压岁钱”。经分析，教师认为大部分幼儿都有压岁钱，借此机会，可拓展幼儿有关“钱”的经验，又可引导幼儿正确认识、合理使用压岁钱。于是，教师组织幼儿围绕“钱”展开了一系列活动，引导幼儿讨论钱是怎样来的，钱有什么用，怎样用钱和爸爸妈妈到超市购物，怎样用钱献爱心……使幼儿了解钱的种类、面值、用处以及怎样花钱有意义等，自然地把部分幼儿的兴趣转化成共同的兴趣，有效实现预设和生成的融合。

七、教师促进幼儿生成活动的方法

首先，教师要善于创设良好的心理环境和物质环境，开展丰富多彩、形式多样的活动，满足幼儿自主活动、自发学习的需要。因为生成活动的产生有赖于环境的性质和特征，幼儿生活、学习环境的自主空间越大，自由度越高，生成活动就越容易产生，生成活动的频率也就越高。教师要避免对幼儿自主活动的过度控制与直接干预，营造和谐的活动氛围，以关怀、接纳、尊重的态度倾听幼儿的表述，理解幼儿的想法和感受。

其次，在幼儿自主活动的过程中，教师还要善于观察幼儿的兴趣，并能适时参与，不断与幼儿进行有效的互动，发现幼儿的生成活动。

苏霍姆林斯基曾经说过：“孩子所有的活动都依赖于兴趣。”兴趣是幼儿积极参与活动的动力，是每一次活动顺利开展的前提条件。因此，寻找到幼儿真正关心的热点，是活动生成的前提。教师可借助于幼儿的兴趣，捕捉发生在幼儿身边的敏感问题，运用多种方法促进幼儿生成活动的产生，例如：

(1)教师参与。教师表现出极大的关注和兴趣，用自身的投入和热情影响、感染幼儿，使幼儿对其产生兴趣。

(2)创设环境。教师可提供相应的材料，创设相关的环境，并促使幼儿与环境互动,潜移默化地影响幼儿。

(3)家长工作。向家长宣传,发动家长关心、支持、参与幼儿的活动,利用家长资源,培养幼儿的兴趣。

八、幼儿园课程生成性价值的判断

幼儿的生成活动是无限的,教师不必一切被幼儿牵着鼻子走。教师对幼儿生成活动的回应是有限的,即教师对于幼儿所有的生成活动既不必要,也不可能一一做出回应,因为教师对幼儿生成活动的回应是有选择性的,也是有时机性的。

那么,对幼儿的哪些生成活动要进行回应并进一步支持和提升,哪些生成活动则可忽视和淡化,哪些生成活动要即刻回应,哪些生成活动可延时回应?这就牵涉到对课程的生成性价值的判断,要求教师具有对幼儿的行为做出正确的价值判断的能力,其中包括教育价值的判断、回应时机的判断及生成程度的判断。

(一)教育价值的判断

幼儿的生成活动能否被作为学习内容纳入课程,取决于教师对其所蕴含的教育价值的判断。而判断教育价值的依据,首先就是教师对幼儿园课程目标的理解程度,即要考虑生成活动是否可为预设的教育目标服务,能否成为与幼儿的年龄特点相符合、能被幼儿理解和接受的具有发展价值的经验。其次,还要考虑大部分幼儿的经验基础,对幼儿的发展是否有普遍意义等。

(二)回应时机的判断

捕捉到幼儿的生成活动后,教师除了做好教育价值判断外,还应进行回应时机的判断——是即时反馈还是延时反馈。

幼儿瞬间的兴趣和需要、幼儿的疑问和错误观点等,如果是与教师目前的课程目标、课程实施内容密切相关的,而且在具体的教育情境中教师能够即时解答,教师就应“趁热打铁”,即时应答,在当下的教育情境中进行回应,形成随机教育的课程,否则,幼儿的兴趣热点和即刻反应会因具体情境的转移而消失或发生改变,失去了随机教育的契机。如果幼儿的生成活动与课程内容比较远，与课程情境的关系不太密切、难以共存，然而又是与目前的课程目标有一定的相关性、对幼儿以后的发展有意义、符合教育目标方向的有价值的活动，且教师难以立即应答，需要一些知识的准备以及各种相关的操作材料和环境支撑，教师则可延时反馈，进行系统考虑、精心准备后，再形成预设课程，对幼儿的生成活动加以回应。

（三）生成程度的判断

对于幼儿的生成活动，教师要善于视幼儿的现场表现进行判断，把握生成活动的广度和深度，既满足幼儿的即时兴趣，发挥出生成活动的价值，又不影响到预设的正常活动的开展，表现出灵活的教育机智。

对生成活动所涉及内容的广度和深度进行合理的控制还表现为，当满足了大多数幼儿的兴趣和好奇心后，教师便可巧妙地转移幼儿的注意，使生成活动自然地向预设活动转换，及时把生成活动控制在一个较短的时间内。教师可以对幼儿说："你们看，小猫这会儿睡得正香呢，刚才有小朋友说小猫的耳朵在动，好像在听我们说话。它也想听我们说过新年的事情。我们现在回座位，把过新年的事情说给小猫听听。""我现在给你们提一个要求，每个小朋友在说过新年的时候一定要用好听的声音和通顺的句子，让别的小朋友都能听清楚，又不吵醒小猫。"在这样的言语引导下，教师就可自然地继续进行"过新年"的谈论活动，以完成预设活动的目标。

九、幼儿生成活动的回应策略

对于幼儿的生成活动，教师可根据具体情况采取不同的回应策略。

（一）个别对待策略

对于具有个性化且缺少共享所需的相关生活经验的幼儿生成活动，教师可个别对待、个别应答，可为个别幼儿提供材料和空间，允许其自由探索，直到其兴趣、需要得到满足。

（二）关注鼓励策略

对于幼儿活动中的兴趣、发现和疑问，教师可及时捕捉、关注、认同，弄清幼儿真正的需要和所要解决的问题，并辅以环境创设，鼓励幼儿探索，以满足幼儿不断探索的兴趣与生成发展的需要。

（三）支持帮助策略

首先，生成活动是按幼儿的意愿行事，带有极大的无意识性和随意性，因而，在活动的过程中，教师若不予支持，往往会使具有发展价值的生成活动流失。其次，生成活动的内容具有情境性，会随教育情境的变化而改变，教师若不予支持，往往会使幼儿具有发展价值的生成活动在情境改变的情况下稍纵即逝。再次，在活动的过程中，幼儿难免会遇到困难和挫折，教师若不予支持，往往会使幼儿的具有发展价值的生成活动难以持续。最后，受幼儿认知水平的局限，幼儿的生成活动很可能只能停留在原有的探索水平上，教师若不予支持，往往会使幼儿具有发展价值的生成活动难以深入。

因此，教师可参与到幼儿的生成活动中，或设置问题情境，或与幼儿平等地交流与对话，或给予材料的帮助，或进行点拨和启发，以促进幼儿生成活动的延续与发展。

（四）引发拓展策略

经价值判断后，对于有意义、有教育价值的幼儿生成活动，教师可积极充实，引发拓展。教师可将幼儿的生成活动内容当作创生主题，当作预设课程的生长点，并创造环境，利用个别活动、小组活动、集体活动等各种形式，使生成朝纵深方向发展。

因此，对幼儿的生成活动，教师可根据具体情况有针对性地灵活运用不同的策略加以回应。

第三节　幼儿园课程的预设与生成的关系

一、幼儿园预设课程是为了更好地生成

幼儿园预设课程就其意义和价值而言，是为了在一种具体的教育情境中，

让幼儿有一个展示和表现其兴趣、爱好、需要和经验的平台，从而使教师高效而准确地了解和把握幼儿的兴趣、需要和经验，为预设后课程的生成埋下伏笔。因此，从这一角度来说，预设是为了更好地生成。

二、幼儿园课程的预设和生成是相辅相成的两个方面

幼儿园课程是预设与生成、封闭与开放的矛盾统一体，我们必须科学而艺术地把握好预设与生成这一对矛盾统一体。

首先要肯定预设与生成对幼儿发展具有同等重要的价值。教师既要设计有意义的、富有挑战性的、有激励作用的、愉悦的活动，也要有效利用日常生活中的偶然、非预设的机会；既要让幼儿有机会参加教师设计的活动，也要使幼儿有机会自己决定活动的设计。

另外，预设和生成是相互依存、相互促进的两部分。预设是为了更好、更多地生成，生成是为了更完善、更灵活地预设。预设和生成是相互转换的，是连续过程中相辅相成的两个方面。

三、幼儿园课程的预设和生成是师生互动的体现

让幼儿有充分的时间从容地探究，有足够的空间展开互动，这不论是对于预设还是对于生成，都有重要的作用。在预设和生成课程中，教师应和幼儿不断地进行交流和智慧的碰撞，不断发现幼儿的兴趣和需要，并不断地调整活动目标和内容，以使预设和生成都成为促进幼儿更加有效地学习的师幼共同建构世界的课程。

四、幼儿园课程的预设和生成的比例是动态而非静止的

预设和生成是一种动态的课程发展观，两者之间也因幼儿兴趣、需要的非固定性特点及偶然性变化而呈现出一种动态的关系，动态的、变化的关系特征很难用静止、不变的眼光来看待，也更难给出一种固定的时间比例。教师要根据具体的教育情境，根据幼儿的即时兴趣和需要，来动态地把握预设和生成的比例。

课程的预设和生成使我们的观念发生了很大的改变，如果我们用预设和生成的时间比例来衡量二者的关系，就会导致“穿新鞋，走老路”，给生成课程套上了框框，使之变成一种教学任务，影响和限制了生成课程应有的地位和价值，导致幼儿园课程重新陷入僵化、教条的泥潭，失去其应有的灵活、开放的特点。另外，生活、运动、游戏、学习四种活动，由于性质和功能不一，其中预设和生成活动的比例也应有所不同，也就不可能给出一个标准的比例。而且，预设和生成彼此有着相互渗透、相互转化的密切联系，一种固定的比例容易使教师将两者视为彼此割裂、相互独立的。

总之，“教师预设”和“幼儿生成”作为课程形成的方式，提供给教师的是一条行动的原则，而不是标准化的操作程序，也就不可能给出具体的时间比例，不可能规定每一个具体的预设和生成的时机。

第四章 幼儿园课程的具体领域与教学模式

2001 年 7 月颁布的《幼儿园教育指导纲要(试行)》将幼儿园课程内容分为健康、语言、社会、科学和艺术五大领域。

第一节 幼儿园课程的健康领域与教学模式

健康领域的教育可简称健康教育。1947 年,联合国世界卫生组织提出:健康"是身体、心理和社会适应的健全状态,而不仅仅是没有疾病或不虚弱"。因此,健康的儿童是指在身体、心理和社会适应等方面都表现出健全的状态。身体健康指的是生长发育良好,体质健壮,功能正常,并具有充沛的活动效能。心理健康和社会适应良好,指的是整个心理活动和心理特征的相对稳定,相互协调,充分发展,并与客观环境相统一、相适应。幼儿园健康教育是根据幼儿身心发展的特点,提供幼儿健康认识,改善幼儿健康态度,培养幼儿健康行为,维护和促进幼儿健康的系统的教育活动。

幼儿园是承担保育和教育双重任务的教育机构,因此,健康教育在幼儿园课程中具有特殊的地位。幼儿园健康教育是保证幼儿全面发展的基本条件,是保护幼儿健康成长的特殊需要。健康领域的教育,能使幼儿获得与自身、他人和社会健康有关的知识和态度,形成良好的有益于健康的行为和习惯。同时,幼儿园健康教育对于全人类来说也是极其重要的。

一、幼儿园健康领域教育的目标

《幼儿园教育指导纲要(试行)》规定幼儿园健康领域教育的目标是:

1. 身体健康,在集体生活中情绪安定、愉快;

2. 生活、卫生习惯良好,有基本的生活自理能力;

3. 知道必要的安全保健常识,学习保护自己;

4. 喜欢参加体育活动,动作协调、灵活。

上述目标表明了幼儿园健康教育的价值取向:

第一,追求幼儿的身心和谐发展。幼儿园健康教育应包括身体健康教育和心理健康教育两个主要方面,因为健康是一个整体的概念,而且幼儿的身体健康和心理健康是密不可分的两个方面。

第二,保护与锻炼并重。幼儿园健康教育目标既重视让幼儿掌握必要的保健知识,具备一定的自理能力,以提高幼儿自我保护的能力,又强调通过体育活动和体育锻炼,提高幼儿的身体素质,发展幼儿的基本运动能力。

第三,注重健康行为的形成。与健康态度、健康认识相比,幼儿健康行为的养成被视为幼儿园健康教育的核心目标,特别是幼儿良好的生活、卫生习惯和自理能力的培养。教师应充分发挥幼儿自身的主动性、积极性,努力将幼儿的兴趣和必要的规则结合起来,使幼儿尽早形成良好的健康行为。

二、幼儿园健康领域教育的具体内容

幼儿园健康教育主要包括以下几方面的内容:生活卫生教育、安全教育、身体锻炼和心理健康教育。生活卫生教育是指对幼儿进行个人卫生习惯的培养、基本生活能力的培养、保持环境整洁的教育及预防保健的教育等。安全教育是指对幼儿开展生活活动、交通、自救自护等安全的教育。身体锻炼是指利用体育器械或自然物(阳光、水、空气)进行身体锻炼。心理健康教育是指对幼儿开展情绪情感、良好个性、社会适应能力以及性教育等方面的教育。

(一)生活卫生教育

生活卫生教育主要目的是帮助幼儿获得日常生活中必需的、基本的生活知识和卫生知识,培养幼儿良好的生活习惯、卫生习惯和初步的生活能力,提高幼儿自我保健意识和能力,使幼儿逐步学会以健康的方式来生活。生活卫生教育包括个人卫生习惯的培养、基本生活能力的培养、健康生活方式的教育、保持环境整洁的教育及预防保健的教育等。

(二)安全教育

安全教育主要是帮助幼儿获得和掌握日常生活中最基本的安全知识和技能,使幼儿逐步懂得爱护自己和他人,不断增强幼儿的自我保护意识和能力。安全教育包括日常生活的安全教育、交通安全的教育、自救自护的教育等。

(三)身体锻炼

利用体育器械或自然物(阳光、水、空气)进行身体锻炼,可以激发幼儿参加体育活动的兴趣,培养幼儿积极锻炼身体的良好习惯,全面协调地发展幼儿的体能,增强幼儿的体质,提高幼儿适应自然的能力;同时,还可以通过体育活动让幼儿了解基本的体育卫生知识,培养幼儿勇敢、不怕困难等良好的心理品质。

(四)心理健康教育

心理健康教育旨在培养幼儿良好的心理品质,增强幼儿自身的心理强度,提高幼儿对社会生活的适应能力。心理健康教育包括情绪情感的教育、良好个性的培养、社会适应能力的培养等。

三、幼儿园健康领域教育的指导与要求

《幼儿园教育指导纲要(试行)》指出幼儿园健康领域教育的指导要点是:

1. 幼儿园必须把保护幼儿的生命和促进幼儿的健康放在工作的首位。树立正确的健康观念,在重视幼儿身体健康的同时,高度重视幼儿的心理健康。

2. 既要高度重视和满足幼儿受保护、受照顾的需要,又要尊重和满足他们不断增长的独立要求,避免过度保护和包办代替,鼓励并指导幼儿自理、自立的尝试。

3. 健康领域的活动要充分尊重幼儿生长发育的规律,严禁以任何名义进行有损幼儿健康的比赛、表演或训练等。

4. 培养幼儿对体育活动的兴趣是幼儿园体育的重要目标，要根据幼儿的特点组织生动有趣、形式多样的体育活动，吸引幼儿主动参与。

《幼儿园教育指导纲要（试行）》指出健康领域教育的要求是：

1. 建立良好的师生、同伴关系，让幼儿在集体生活中感到温暖，心情愉快，形成安全感、信赖感。

2. 与家长配合，根据幼儿的需要建立科学的生活常规。培养幼儿良好的饮食、睡眠、盥洗、排泄等生活习惯和生活自理能力。

3. 教育幼儿爱清洁、讲卫生，注意保持个人和生活场所的整洁和卫生。

4. 密切结合幼儿的生活进行安全、营养和保健教育，提高幼儿的自我保护意识和能力。

5. 开展丰富多彩的户外游戏和体育活动，培养幼儿参加体育活动的兴趣和习惯，增强体质，提高对环境的适应能力。

6. 用幼儿感兴趣的方式发展基本动作，提高动作的协调性和灵活性。

7. 在体育活动中，培养幼儿坚强、勇敢、不怕困难的意志品质和主观、乐观、合作的态度。

幼儿园健康教育的成效受到环境的影响，幼儿园因此要注重环境的创设。幼儿园首先应当积极构建健康的心理生活环境，重点关注和谐的班级氛围、平等的师生关系的营造，让幼儿形成安全感，这是促进幼儿健康的首要条件。此外，幼儿园要注重创设健康的物质生活环境，如玩具架上归类的标识、自来水龙头旁的洗手图示、就餐时的轻音乐等，让物体与空间更有益于幼儿的健康。幼儿园健康教育还要与家庭健康教育相结合，注重互帮互助的家园关系的创设，使幼儿情绪安定、心情愉快，养成良好的生活习惯，培养幼儿基本的自理能力。

保护幼儿的生命和促进幼儿的健康成为幼儿园的首要任务，也是幼儿园健康教育的根本目的，为此，教师首先要树立正确的健康观念，认识到健康的整体性、动态性等特点，注重幼儿身心的和谐发展。同时，幼儿园健康领域教育应遵循以下两个原则：

第一，专门的健康教育活动与日常生活相结合。幼儿园健康教育的内容涉及幼儿生活的方方面面，因此，教师应当在盥洗、进餐、清洁、睡眠、锻炼、游戏等日常生活的每一环节渗透健康教育理念，实施健康教育策略。

第二，健康教育与各领域教育活动相结合。幼儿健康的价值和幼儿成长的特点决定了幼儿园是保教相结合的教育机构，因此，幼儿园在进行任何领域的教育时都必须将维护和促进幼儿的健康放在首位，将健康领域的教育与其他领域的教育活动相结合，如在画画、看图书时提醒幼儿坐姿要端正、握笔方法要正确、眼睛与书本要保持一定的距离等，这样才能做到保中有教、教中有保，真正促进幼儿的健康发展。而且，只有与各领域教育相结合，幼儿园健康教育才能有效实现自身的目标。因为幼儿健康知识的学习过程、健康态度的转变过程以及健康行为的形成过程都离不开各领域特有的教育形式的密切配合，并帮助实现幼儿园健康教育的某些目标。如以朗朗上口的儿歌、形象有趣的谜语、声情并茂的故事、栩栩如生的画面、引人入胜的探究等，唤起幼儿对自己身体的了解欲望、对健康食品的兴趣、对健康行为的向往。

四、"融情体验式"健康教育模式

（一）内涵

"融情体验式"教学法是以融入情感、体验学习为教学模式，促使师生、生生在相互影响和相互交流的活动中产生深刻的情感体验，在幼儿融情式的体验中，唤醒幼儿内心已有的经验，激发幼儿产生强烈的求知欲和积极的学习热情，促使幼儿在深刻的体验中感悟，并萌发积极的情绪情感，使其身体及心理均得到健康发展。

"融"是一个缓慢的、悄无声息的变化过程。这寓意着在健康教学中，要让幼儿将自己的情感体验融入不同的活动中，唤起他们的情感体验，并使他们与活动中的角色产生情感共鸣，这种情感共鸣犹如冰雪融化、春雨润泽般进入情感中，从而更好地激发参与情感体验活动的积极性。

教育家杜威说过，所有真正意义上的教育都来自于体验。"体验"是教育工作者运用一定的教学手段，通过激发、调动和满足幼儿的情感需求，在幼儿体验中促进教学积极化的过程。

（二）"融情体验式"教学法的核心内容

教学中的情感是推动师幼双边活动的强大动力，它贯穿于教学的全过程。"融情体验式"教学模式就在于以"融情体验式"为切入口在"引、助、移、行"四环节中，将传统的"师传生受"的教学过程转变为教师与幼儿合作的体验过程，在融情体验中，通过移情、共情、融情来使幼儿萌发健康的情绪、情感，从而产生良好的行为。

1.“引”——创设多样化情境，引领幼儿进行融情体验，明确任务，激发兴趣，唤起幼儿积极参与的情感

“融情体验式”教学法中的“引”，即创设多样化情境，引领幼儿进行融情体验，唤起幼儿的情感，让幼儿完全投入一种新的体验。适宜的“引”才能使幼儿发自内心地进行融情移情。

此环节从一开始就应明确活动的任务，激发幼儿的兴趣，使幼儿在好奇心的驱使下积极地投入到活动中去。教师在进行导入活动时，应注意简短、有趣、有指向性。引入活动对于整个活动过程的开展很重要，成功的引入活动未必会使整个活动开展得成功，而不成功的引入有可能成为一次混乱活动的开始。教师在指导幼儿进行活动时，应设计一些具有启发性、导向性的问题，以刺激引导幼儿感知、操作、发现、思考并寻找问题的答案。在设计问题时应注意以下几方面问题。

(1)交代任务，明确活动指向。

教师在交代幼儿操作、探索任务时，常常通过提问指明探索的方向。此时教师应说明要求、步骤、规则等，使幼儿的注意力指向活动目标的某一方面，以减少幼儿的盲目性、随意性。例如，健康活动“我们的皮肤”中，教师先组织幼儿用放大镜观察每个人的皮肤，然后为每组幼儿准备冰块、热水、钢丝刷、绒毛玩具、瓷砖、木块，让幼儿接触各种物品，并说出接触后的感觉，接着，出示小朋友洗头、洗澡、洗脸、换衣的图片，以及小朋友不洗头、不洗澡、不洗脸、不换衣的图片，让幼儿讨论保护皮肤的方法。这样，既使幼儿明确了操作、探索的目的要求，又启发了幼儿通过观察去比较哪种方法更好。

(2)提供线索，引导幼儿走向成功。

幼儿年龄小，知识经验少，思维水平低，有时教师必须通过提问等方式为他们提供一些能帮助解决问题或寻求答案的思维方式或线索，引导他们充分发挥自己的想象能力和创造能力，结合已有的知识经验，创造性地解决问题，得出结论，体验成功的喜悦。例如，健康活动“学会快乐”中，教师先引导幼儿观察面带笑容的欢欢和愁眉苦脸的贝贝的外形特征，并讨论两者不同的原因，然后教师引导幼儿参观图片展寻找答案。为此，设计这样的问题：“欢欢为什么面带笑容,其中有一个小秘诀就在图片上。我们一起找一找是什么,好吗?”在幼儿参观图片展过程中,教师又问:“欢欢在遇到玩具被别人抢时是怎么做的?欢欢的画被别人撕坏了时他的表情是怎样的?别的小朋友遇到困难时他是怎样帮助的?”最后教师又引导幼儿比较欢欢和贝贝一天的生活,问:“欢欢一天都做了些什么事?贝贝一天又做了些什么事?为什么人人都夸欢欢而批评贝贝?”幼儿在教师的提示下有目的、有步骤地进行观察、分析、比较、归纳,从而发现欢欢热衷于助人的快乐秘诀。

(3)引起注意,集中幼儿注意力。

幼儿自制能力差,注意力往往易受兴趣的影响。对幼儿不感兴趣的内容,教师可以设计一些问题来引起幼儿的注意,集中幼儿的注意力。例如,在健康活动“认识安全标志”的组织过程中,教师带领幼儿在走廊里观看墙上的各种标志并提问:“你在哪里看到过这些标志,它们告诉我们要注意些什么?为什么这些地方有这种标志?如果没有这些标志会发生什么事情?”这样,就很自然地提醒幼儿去注意标志及认识标志的作用了。

2.“助”——多元化体验的融情体验,激发幼儿充分体验挑战的欲望

融情式体验法中的“助”,充分体现了体验式学习理论中的适应性学习阶段第二步——反思性观察的特点,是幼儿对已经历的体验加以思考,在体验和思考中激发理解作品的情感,实现多元化的融情体验。在此环节中主要做到四个“融情”。

(1)以游戏化、情境化的方式,调动幼儿感官,体现活动的趣味性、游戏性。

游戏是幼儿最喜爱的活动,也是他们获得知识、塑造情感的最佳途径。

健康教学中结合快乐的情境游戏开展活动,可使幼儿在游戏中运用想象力创造性地反映个人的生活经验,促进自己的全面发展,从而使幼儿在融入情感的快乐中学会本领,真正达到教育的目的。

例如,在健康活动“会说话的身体”中,教师突破以往常规性的设计,让幼儿逐步认识身体的各个部位,通过有趣的游戏引导他们认识自己的身体。活动中组织幼儿听音乐、玩游戏,让幼儿在与同伴碰一碰的过程中,初步了解自己的身体。在健身操游戏中,幼儿进行各种运动的动作,使自己的身体动起来,同时了解了使身体变得灵活的方法:在学习模仿动作的游戏中,幼儿通过用身体打招呼的方式,互相猜测动作的意思,并学习用身体做模仿动作,认识有趣的身体。

在有趣的游戏中，幼儿不但掌握了了解身体的本领，而且逐步产生了好好爱护自己的身体的意识。教师在教学设计中要多创编系列游戏活动，让幼儿在游戏中了解自己的身体，学会爱护身体。

(2)创设幼儿自主体验的机会，在幼儿的融情体验中体现活动的自主性、实践性。

对于幼儿来说，他们渴望老师提供张扬个性的机会。适时地为幼儿创设表现自我的机会，在其中实现融情体验，无疑是激发幼儿愉快情绪的关键，也是发展幼儿自主性的前提。如何让幼儿在活动中真正发挥自主性呢？“DIY”，一个近年来经常出现的新名词，它是“DO IT YOURSELF”的开头字母缩写，意思就是“自己动手”。而“自主”是指“自己做主”。要把“DIY”同发展自主性结合起来，让幼儿在“快乐的DIY”中从思想到行为真正地实现幼儿的自主性。

例如在“营养美味果蔬汁”中，教师从幼儿喜欢喝果汁入手，创设“榨汁工厂”的情境，给幼儿参与DIY操作体验的机会。在幼儿观察个别果蔬汁后，教师引导幼儿思考:果蔬汁是怎么做成的？需要哪些材料？果蔬榨出的汁是什么样子的？两种蔬菜或者水果放在一起会出现什么变化？这给每一位幼儿提供了自主操作的机会。最后，在幼儿相互的品尝中结束活动。在延伸活动中教师引导幼儿给家人制作果蔬汁。

(3)提供难易程度不同的材料激发幼儿敢于尝试的积极情感，助推幼儿健康发展。

在活动中，教师应该注意提供难易程度不同的材料供幼儿选择。例如在活动“玩竹梯”中，为了让材料适合不同水平的幼儿，教师提供了高、中、低三种不同高度的竹梯。幼儿自由选择材料，教师不加干涉，这使幼儿有了安全感和控制感。幼儿可以从最容易的开始，允许他们在尝试后根据自己的能力调整运动材料。在这样轻松的物质环境和精神环境下，幼儿没有过大的精神压力，不再害怕失败，也没有勉强和为难，而是积极主动地按自己的进程活动，幼儿更加放松，畏难情绪明显降低，目标的达成度显著提高。

3.“移”——情感化行为迁移的融情式体验，引发幼儿情感内化

融情式体验法中的“移”，充分体现了体验式学习理论中的第二步——反思性观察的特点。“移”即捕捉随机教育的契机，当幼儿对活动内容有了一定的认识后马上对其进行情感迁移，寻找幼儿现实生活中的点滴进行教育，以此突破

重点、难点，使幼儿萌发建立良好情绪、情感的态度。

(1)巧妙运用游戏角色，在迁移中掌握技能。

幼儿的主要学习方式是模仿，通过模仿掌握别人的经验。基于这一特点，在组织游戏时，要注重预设生动的游戏角色，并在游戏中进一步迁移角色，使幼儿在角色扮演过程中自然而然地掌握生活技能，练习各种基本动作。

例如，在"有营养的蔬菜"的活动中，教师可给幼儿创设参观菜市场的场景，让幼儿扮演买菜的顾客。在活动中，幼儿能够直观地接触丰富的蔬菜，身临其境地倾听售货员的讲解，更好地了解蔬菜的种类和营养。教师只要辅以简单明了的说明、提问或指令，幼儿就能很快地随着教师的设计思路进入健康教育活动过程。在"小马运粮"教学活动中，教学目标是练习跨过"小河"。活动中教师让幼儿尝试探索各种不同的"过河"方法。"河"的宽窄不同，过河方式也不同，幼儿可以原地跨跳、双脚跨跳、助跑跨跳等，幼儿的主动性、积极性被教师充分调动起来，自信心大大得到增强，获得较高的成就感。

(2)健康教学中教师语言的有效互动，引发幼儿移情。

教师恰当的提问、回应是成功教学的润滑剂，能激发幼儿进一步理解所学内容的内涵，迁移情感，达到情感内化的目的。

教学过程中，教师必须随时关注每个幼儿的情绪变化，以及在幼儿表述的过程中，做出对每位幼儿充满智慧的回应。

①要有明确的目的性。

教师的语言要围绕健康教育活动的目标来进行，把幼儿的注意力始终集中在活动的目标上，使健康教育活动过程始终保持在目标的导引下。例如，在"这些东西很危险"的活动中，教师在活动中帮助幼儿知道玻璃片、石子、插座、煤气开关等物品的危险性，并引导他们进行观察，告诉幼儿平时不去玩弄它们，这样就不必在儿歌《这些东西很危险》的内容上对幼儿提出如背诵儿歌、表演儿歌等更多的要求。

②要具有形象性。

由于幼儿的思维具有具体形象性、情绪性和情境性的特点，在健康教育过程中，教师运用生动形象的语言，不仅便于幼儿接受和理解，而且可以激发幼儿探索的兴趣和积极性。为使语言具有形象性，教师可以抓住物体与现象特征，选择易于幼儿理解的词汇进行恰当的描述。

③要富有启发性。

教师在活动中所提的问题或讲解要能激发幼儿解决问题的愿望,并启发幼儿进行积极的思维活动。教师对幼儿健康教育活动的指导,主要是通过提出有质量的问题实现的。根据问题答案的性质,可将提问分为开放式问题和封闭式问题。开放式问题是指问题的答案具有开放性,一个问题可出现多种答案,答案不是固定的、唯一的。例如在“大熊的拥抱节”课上,在引导幼儿观察大熊和其他动物的表现时可以提问“你发现了什么,你是怎么发现的”。对于“怎么发现”,每个幼儿的回答会不一样,即使相似也不会完全相同。封闭式问题和开放式问题正好相反,其答案虽然不一定是一个,但正确答案基本是固定的,是唯一的。例如,“刚才我们看到的是什么”“大熊怎么了”等问题的答案只可能是一个。封闭式问题在健康教育活动中虽然不一定像开放式问题那样具有启发性,但在活动中仍有其必要性。

(3)结合多种艺术形式方法,引发幼儿移情表达自我情感。

用艺术手段表现情感,也是幼儿情感迁移融情的一种形式。要引导幼儿通过绘画等,体察他人情绪,理解他人情感,分享他人的情绪情感,并表现进一步的关爱行为。

心理健康活动“心情预报”中,以绘本《独眼猫一世》为载体开展教学。此绘本在色彩的处理上多采用黄色和青灰色为底,并且随着独眼猫心情的变换采用不同的颜色,很好地渲染了主人公的情感转化。这种艺术表现手段是值得借鉴的。因此,从美术创作的角度,教师可让幼儿学会用不同的色彩去表现情绪,实现间接经验向直接经验的转化。从心理的角度来说,这也是消极情绪宣泄的一种手段。首先,“看”心情。“看”独眼猫不同心情的时候绘本的画面色彩有什么区别,帮助幼儿理解用不同的颜色可以表达不同的情感。其次,“画”心情。尝试用颜色表现心情,幼儿既可以用颜色表现作品中不同角色的心情,也可以去画自己或者他人在不同情景下的心情,比方说失败的心情、被表扬的心情、过节日的心情、妈妈生气的心情等,选择颜色自由地去创作,尽量让幼儿表现的内容多样化一些。最后,“说”心情。让幼儿将自己画的心情说出来,并使其结合心情和颜色之间的关系来谈。这个时候的交谈可以丰富幼儿的艺术话语,也可以让幼儿更明确心情与颜色之间的关系,在经验迁移中理解独眼猫的内心情感,表达对独眼猫的同情。

艺术的手段有很多,教师也可引导幼儿通过音乐进行移情。音乐具有独特的感染力,可在教学中烘托“境”,渲染“情”,达到“情境合一”。如果教师选取的音乐基调与绘本所表达的意境及情节的发展相一致,或与体育活动的情景一致,就能够达到渲染情境的教学效果。在体育教学过程中,选择优美的、节奏感强的音乐伴奏,可以给幼儿完美的感受,促使其动作更加协调。例如,在“小兔子种萝卜”的体育活动中,幼儿扮小白兔,教师扮兔妈妈,“小白兔”跟着“兔妈妈”去拔萝卜时,可以播放《爱跳舞的洋娃娃》这首舞曲,这样气氛就不同了。在练习跳的过程中,伴随曲调的节拍,幼儿有节奏地跳起来,动作协调,轻松自如。

4.“行”——激情引行的融情式体验,塑造幼儿健康的情绪情感

融情式体验法中的“行”,充分体现了体验式学习理论中的四个适应性学习阶段的最后一步——主动实践阶段的特点,学习者要验证这些概念并将它们运用到制定策略、解决问题之中去。在教学中采取激情引行的融情式体验,就是在引导实践中,通过体验式的行为转变,让幼儿投入现实情境中来塑造健康的情绪情感。

(1)实践操作中的融情式体验,在“行”中升华情绪情感。

健康教学活动注重幼儿的具体表现和行为的改变,这就是融情体验式中的“行”。实践是培养幼儿健康行为能力的重要途径,是幼儿形成良好行为、塑造健康情绪情感的有效方式。参与实践活动能帮幼儿加深对知识的理解,给幼儿留下难以磨灭的印象。在教育活动中,可创设特定的情境,让幼儿亲自做一做,使他们在实践的过程中做出正确的行为选择,让他们在现实情景中有切身的情感体验。

例如,心理健康活动“大熊的拥抱节”中,当幼儿和教师分析并找到了大熊得不到拥抱的原因后,教师为幼儿提供比较贴近幼儿生活经验的材料——心形的卡纸,让幼儿亲自绘画,帮助大熊想出得到拥抱的方法。幼儿讲出了各不相同的方法,有的说“大熊给小动物道歉”,有的说“大熊给小兔种萝卜,得到小兔的原谅”,有的说“大熊给所有的小动物修马路,让大家都开心”。在教师的引导下,幼儿用自己的语言在故事最后讲出了大熊最想讲的一句话,如“对不起,我错了”“谢谢大家”等。这样,既让幼儿有机会表达自己的想法,又让幼儿学到自己未能观察到的、未能认识到的东西,使他们感受到小动物对大熊的宽容和爱,在实践中充分升华情感,塑造健康的情绪情感。

(2)联系生活的融情式体验,在“行”中塑造健康情感。

绘本有独特的魅力,可使幼儿产生深刻的情感体验。它没有一句教条,却能满足孩子的成长需要;它没有一丝说理,却能启发孩子联系生活深入思考;它没有一点儿喧闹,却能激起孩子会心大笑。因此在心理健康教学中,课题组应研究如何充分利用绘本这一载体,在绘本阅读中“让孩子走进生活,让孩子像个孩子”。

例如,在《竹篱笆和牵牛花》的绘本阅读中,教师利用此绘本故事,激发幼儿关于帮助别人也是帮助自己的快乐情感,引导他们养成主动帮助别人的行为习惯。教师要引导幼儿联系自己的生活感受,启发幼儿讲述自己的行为表现:你在生活中是怎样帮助别人的?你的心里有什么样的感觉?通过幼儿联系生活的融情式体验帮助幼儿体验“帮助自己就是帮助别人”的快乐情感。在《我爸爸》《我妈妈》《猜猜我有多爱你》《我永远爱你》《逃家小兔》的阅读中,幼儿通过讲述生活中爸爸、妈妈对自己的爱,充分感受到父母的爱,丰富了情感,激发了爱意。在《我有友情要出租》的绘本中,幼儿通过讲述身边的友情,更加深入地认识到友情就在身边。

(3)立足于幼儿一天的生活,在生活观和整合观中塑造幼儿的行为习惯。

健康教学活动中的内容不是单靠一节教育活动就能实现的,应该融入一天的生活中,通过教育活动、环境创设、生活活动、活动区创设、家长社区工作等方面,整合目标,突出活动的开放性,让幼儿在一天的活动中得到全面的发展,塑造正确的行为习惯。

例如,课题组认真研究了大班的“爱护牙齿”活动。让幼儿了解换牙的常识,如果只靠一节教育活动显然不能很好地达成目标。为此,教师在环境创设、生活活动、活动区活动、家长工作等方面进行了设计,包括张贴换牙照片、创设班级换牙统计表、组织换牙的幼儿给没换牙的幼儿分享经验、利用一日环节过渡时间朗诵换牙儿歌等。

第二节　幼儿园课程的语言领域与教学模式

语言领域的教育可简称语言教育。大量研究表明,学前时期是语言发展尤其是口语发展的关键期。在此期间,幼儿的听觉系统、发音器官和语言中枢日趋成熟,发音逐渐准确,词汇量不断丰富,开始掌握语法规则,语言运用能力迅速发展。而且,语言是幼儿学习概念、发展智力、扩大交往范围、促进社会化发展的基本元素,因此,教师必须重视幼儿语言教育和语言学习,幼儿园语言教育在幼儿园课程中具有十分重要的地位。

一、幼儿园语言领域教育的目标

《幼儿园教育指导纲要(试行)》规定幼儿园语言领域教育的目标是:

1. 乐于与人交谈,讲话礼貌;
2. 注意倾听对方讲话,能理解日常用语;
3. 能清楚地说出自己想说的事;
4. 喜欢听故事、看图书;
5. 能听懂并会说普通话。

以上语言领域目标的提法明显淡化了纯粹重视幼儿语言形式学习的要求,强调幼儿园语言教育过程中重视语言交际的功能,重视幼儿在使用语言的过程中学习语言,即重视儿童的语言运用能力的发展。此外,幼儿园语言教育目标还反映出重视幼儿早期阅读的趋向。

二、幼儿园语言领域教育的具体内容

结合以上幼儿园语言领域教育目标,幼儿园语言教育主要包括以下的内容:谈话、讲述、文学作品学习活动和早期阅读等方面。

谈话活动是一种教师有目的、有计划创造一个良好的语言环境,帮助幼儿学习倾听别人的谈话,围绕一定的话题进行谈话,习得与别人交流的方式、规则,培养与人交往的能力的专门的语言教育活动。讲述活动是指培养幼儿运用完整的句子、连贯的语言,围绕一个主题描述事物、表达思想的语言教育活动。文学作品的学习活动是以幼儿文学作品为基本内容而设计组织的语言教育活动。早期阅读是指幼儿对简单的文字、图画、标记等的阅读活动,包括知道图书和文字的重要性,愿意阅读图书和汉字,学习初步的阅读和书写的准备技能等。

三、幼儿园语言领域教育的指导与要求

《幼儿园教育指导纲要(试行)》指出幼儿园语言领域教育的指导要点是:

1. 语言能力是在运用的过程中发展起来的，发展幼儿语言的关键就是创设一个能使他们想说、敢说、喜欢说、有机会说并能得到积极应答的环境。

2. 幼儿语言的发展与其情感、经验、思维、社会交往能力等其他方面的发展密切相关，因此，发展幼儿语言的重要途径是通过互相渗透的各领域的教育，在丰富多彩的活动中去扩展幼儿的经验，提供促进语言发展的条件。

3. 幼儿的语言学习具有个别化的特点，教师与幼儿的个别交谈、幼儿之间的自由交谈等，对幼儿语言发展具有特殊意义。

4. 对有语言障碍的儿童要给予特别关注，要与家长和有关方面密切配合，积极地帮助他们提高语言能力。

《幼儿园教育指导纲要（试行）》指出幼儿园语言领域教育的内容与要求是：

1. 创造一个自由、宽松的语言交往环境，支持、鼓励、吸引幼儿与教师、同伴或其他人交谈，体验语言交流的乐趣，学习使用恰当的、礼貌的语言交往。

2. 养成幼儿注意倾听的习惯，发展语言理解能力。

3. 鼓励幼儿大胆、清楚地表达自己的想法和感受，尝试说明、描述简单的事物或过程，发展语言表达能力和思维能力。

4. 引导幼儿接触优秀的儿童文学作品，使之感受语言的丰富和优美，并通过多种活动帮助幼儿加深对作品的体验和理解。

5. 培养幼儿对生活中常见的简单标记和文字符号的兴趣。

6. 利用图书、绘画和其他多种方式，引发幼儿对书籍、阅读和书写的兴趣，培养前阅读和前书写技能。

7. 提供普通话的语言环境，帮助幼儿熟悉、听懂并学说普通话。少数民族地区还应帮助幼儿学习本民族语言。

语言是交际的工具，语言最重要的功能是交际功能，因此，幼儿园语言教育首先要为幼儿提供一个宽松的语言运用环境，为幼儿创设真实而丰富的语言交流环境，提高幼儿语言的运用能力和表达能力。幼儿园语言教育要保护幼儿运用语言交往的积极性和主动性，帮助幼儿成为积极的语言运用者，在交往中逐渐学习理解不同的意图倾向。幼儿园语言领域的教育目标还反映了注重早期阅读教育的价值取向，重视培养幼儿自主阅读的能力，如对书面语言的视觉感知辨别的能力、基本的阅读图书的习惯、对文字的敏感性等。

幼儿园语言教育首先要重视专门的语言教育，教师应有计划地组织和安排专门的语言教育活动，让幼儿系统学习在不同的语言情境里如何运用相应的语言交流方式来与人交往。如在谈话活动中让幼儿学习如何倾听他人的语言，并采用合适的内容和语言形式与他人交谈；讲述活动中让幼儿学习怎样在集体面前比较清楚地叙述个人的看法；文学活动中让幼儿侧重理解和使用叙事性的语言表达方式等。

同时，幼儿园语言教育还要注重非专门的语言教育，因为日常的语言交往是真正真实而丰富的语言教育环境，幼儿可以有更多的机会与各种各样的人交往，操练、扩展自己的语言。幼儿园语言教育也不能忽视在其他领域的教育活动中进行随机的语言渗透教育，发挥语言在各领域活动中的渗透作用，在真实的生活情景中，为儿童提供充分而又广泛的学习和运用语言的机会。

幼儿园语言教育还要重视支持性语言环境的创设，在日常活动中注意倾听幼儿的语言，满足幼儿语言学习的个别需要。特别是对有语言障碍的儿童，教师要及时与家长联系，与家长共商进一步的检查和评估，并在日常语言教育过程中，帮助这些幼儿提高运用语言交流的自信心，鼓励他们积极参与交往，制订个别教育计划，针对他们的语言问题给予特别的帮助。

四、幼儿园语言活动的“情境”教学模式

（一）内涵

所谓情境教学法是通过人与各种“情境”恰如其分地融合，通过多种途径和多种形式，以情感为主线，让幼儿主动地学习，主动地尝试体验。在感性认识积累的基础上，理解文本内容，感悟文本所传达的情感，使幼儿与作品产生共鸣，形成正确的价值观和情感、态度。

（二）实施原则

1. 具体形象感受原则

由于幼儿的思维具有具体性和直观形象性的特点，因此，在活动中创设具有具体生动的形象的情境，可以为幼儿理解语言做好认识上的准备。当幼儿进一步走进情境时，他们通过感官与心智去感受、体验，在形象的感染下慢慢感受

文本蕴含的美。教师在创设语言情境时要注意生动形象、活泼有趣、深入浅出、通俗易懂,使幼儿“如闻其声”“如见其人”“如临其境”。其次,要结合文本创设色彩鲜明、形象生动、感染力强、易引起幼儿情感共鸣的其他情境,使抽象的概念具体化、深奥的道理浅显化,引导幼儿在真实、形象的情境中认真观察、思考,调动他们全部的感受力和生活经验去探讨和感知,激发幼儿学习的兴趣,丰富他们表达的内容。

2. 参与性原则

在活动中只有幼儿亲身积极参与,活动的目的才能得以实现。教师可有意识地把幼儿带入文本描写的相关情境中去,让幼儿进行角色扮演、动画配音、操作、讨论问题等,在情境中获得新的感受和体验。在这种“情”与“境”的相互作用下,幼儿将作品的情思内化为自己的情感,并能表达自己的情感。

3. 情感渗透原则

情感渗透原则既把调动、感化、激发幼儿的情感作为手段,同时又把培养各种情感,特别是高级社会情感作为教学的目标。情感渗透原则是根据教学内容的性质、特点,把认知目标作为实现情感教育目标的手段,即把情感的变化作为认知行为的结果:制定情感教育目标的内容、情感层次及评价指标,在教学中既考虑认知过程结构,又考虑情感过程结构,使智力活动与情绪感受统一,以情激情,以情引趣,以情育人。在情境教学中,以情感为主线,采用不同的教学方法,借助情境唤起幼儿的各种情感。

(三)教法内容

情境教学是调动幼儿的知、理、情、趣、志等认知因素和非认知因素的全过程,尤其偏重“情”因素,突出情感的作用。有学者根据刺激物对儿童感官或思维活动所引起的不同作用,将情境大致分为实体情境、模拟情境、语表情境、想象情境、推理情境。在日常教学中,教师在实践“情境教学法”中总结出“四步法”,即导、析、迁、拓,通过“四步法”引导幼儿在不同的情境中实现对文本的理解和感悟,从而具有良好的情绪、情感。

1. 导——在情境中激发幼儿学习的情绪，唤起幼儿走进作品的情感，即入境激情

教学过程中学习者认识规律的一个重要方面是：直观可以使抽象的知识具体化、形象化，有助于学习者感性认识的形成。这里的“导”是导入的意思，即教师根据题材的不同创设适宜的、鲜明的形象，使幼儿身临其境或如临其境，引导幼儿感知，通过情境的感染激发其学习情绪和学习兴趣。在实际工作中，课题组研究教师认为导入情境更易于激发幼儿的学习热情。

(1)神秘的猜测情境导入，激发幼儿的求知欲。

波利亚说：“我想谈一个小小的建议，可否让学生做题之前，让他们猜想该题的结果，或者部分结果。一个孩子一旦表示出某些猜想，他就把自己与该题联系在一起，他会急切地想知道他的猜想正确与否，于是他便主动地关心这道题，关心课堂上的进展。”因此，创设猜测情境能够引发幼儿想象，调动幼儿参与的积极性，激发幼儿的兴趣。例如，“蓝盒子”的故事课上，教师利用故事中的主要形象“蓝盒子”来引发幼儿的猜测，让幼儿猜测蓝盒子里装的东西。幼儿看到闪闪发光的蓝盒子，会纷纷表达自己的想法。幼儿的猜测千奇百怪。猜测情境的创设充分调动了幼儿的积极性，不仅使幼儿表达了自己的想法，还激发了他们听故事的欲望。教师利用猜测情境来导入活动，更加调动了幼儿参与活动的兴趣。

(2)快乐的游戏情境导入，引导幼儿愉快进入活动。

游戏是幼儿最喜爱的活动。游戏中的幼儿最和谐、最真实、最自然，获得的体验自然最深刻。因此，在语言教育活动中应利用游戏情境，让幼儿在轻松愉快的氛围中学习，快乐地走进作品。例如，“太阳、花和小姑娘”的活动中，教师选取了“太阳”、“花”和“小姑娘”几个角色鲜明的形象，创设了“猜猜乐”的游戏情境，引导幼儿对“太阳”、“花”和“小姑娘”等进行形象的描述。游戏规则是不能直接说出答案，只能说出物品的主要特征，要尽量用丰富的词，把物品说得越具体越形象越好。猜对的幼儿和说信息的小朋友要握握手，表示合作成功。在这个过程中，担任描述身份的幼儿用各种词语来描述看到的物品，而猜测的幼儿根据描述者所表达的意思充分思考。在这个过程中，幼儿的兴趣高、积极性高，这就是游戏情境产生的魅力。

2. 析——情境引发幼儿的思考，引导幼儿理解文本、感悟情感，即引思悟情

“析”即分析。歌德有一句名言：“凡是你未理解的，均不属于你所有。”学习任何知识，只有理解之后才能掌握。因此，在活动中，教师要深入挖掘教材的“厚度”和“温度”，化语言活动的静态分析训练为主的教学模式为动态的以幼儿的体验、感受为主的教育模式，强化幼儿的主体意识，给他们以沉浸、体验、感悟、思辨的过程。教师要巧妙地把幼儿带入相关情境中，给幼儿充分的时间和空间与作品进行“对话”，让他们感到“我即在情境中”，发掘他们的潜能，带动他们思考，引导他们在思辨中理解、感悟，使他们的情感同作品相连。这一过程可很好地解决认知与情感，以及教师主导与幼儿主体的问题。

(1)主线精析，让幼儿在问题情境中由浅入深地理解作品。

教材分析是实现教学过程的重要内容和手段之一。教师在分析教材时，要深入钻研，找准突破口，抓住主旨，找出教材的疑难处、深厚处、丰满处、精妙处、奇妙处，删繁就简。在活动中，教师要紧紧抓住教材的情感脉络主线，引导幼儿在情境中深入地走进作品。

问题情境是指为达到某一活动目的所遇到的某种困难和障碍时的心理困境。具体到课堂教学中，就是教师通过创设一种具有一定困难、需要幼儿付出一定努力才能完成学习任务的教学情境。教师可以利用问题情境来分析作品内容，引发幼儿的思考，加深幼儿对作品的理解。例如，故事《住在鸟窝里的小鱼》表达了小鸟对小鱼从外在到内在的一种关爱。活动中，教师以情感为主线创设了不同的问题情境，引导幼儿由浅入深地理解故事、感悟真情。教师提出“当看到伤心的小鱼莫卡时，小鸟是怎样做的”这样的问题，幼儿根据文本回答了小鸟为小鱼做的一些事情（小鸟给小鱼唱歌、小鸟陪伴小鱼、小鸟对小鱼说关心的话等）。为使幼儿进一步深入地理解小鸟对小鱼内在的一种爱，就要让幼儿理解小鸟为什么要给小鱼建鸟窝这件事情，教师向幼儿提问原因，大部分幼儿说“为了让小鱼快乐”。教师追问：“其实让小鱼快乐的方式有很多种，为什么非要建鸟窝呢?”这一问，点醒了幼儿，幼儿纷纷说道：“小鱼没有家了，小鸟给它建了一个鸟窝，让它住。”在教师的问题情境中，幼儿理解了作品，并深层次地感悟到作品中的情感内涵。

(2)主问题引领，让幼儿在自主阅读情境中主动学习、理解感悟。

俗话说：“书读百遍，其义自见。”3 ~8 岁是培养儿童基本阅读能力的关键

期。因此，教师可利用自主阅读情境，鼓励引导幼儿自主阅读，为幼儿提供充分阅读的时间和空间。要引导幼儿带着自己对作品的理解，在教师的点拨、引导中，对作品深入阅读和理解。“主问题”的设计和推敲需要教师切中要害、突出重点。例如，教师在精读绘本《长大做个好爷爷》时，确定了“小小熊和爷爷之间的感情是怎样的、从哪里看出来的”这样的主问题，让幼儿带着两个问题阅读绘本。这两个问题，给了幼儿深入画面、细心体会、用心感悟的广阔空间。接着，教师引导幼儿牢牢抓住主问题，充分地自主阅读或与同伴一起阅读。幼儿围绕着主问题，从“爷爷”、“小小熊”和“妈妈”各个角色的话语和动作的表述中捕捉到了彼此之间的爱和思念。“形散而神聚”的主问题，让幼儿在自主阅读、与同伴共读中理解了作品的精髓，感悟到了真情。

再如，教师让幼儿自主阅读《聪明的小乌龟》，通过画面提供的线索，表达自己对故事情节的理解。在这一过程中，教师再对幼儿的阅读进行有效的分析。教师问道：“乌龟不怕被摔死吗？那它为什么还要这样说呢？”以此引导幼儿了解乌龟机智聪明、狐狸愚蠢的故事内涵。这种让幼儿自主理解、自主阅读在前，教师分析在后的方式，可使幼儿随着对作品的理解产生喜悦、担忧等情绪反应。

(3)巧妙追问，在言语情境中分析词、句的感情色彩，让幼儿感悟语言的思想内涵。

字、词、句、段的情感色彩明显，但隐匿在符号后面的思想内涵仍然不容易被幼儿理解和接受。情境正是语言符号和情感价值之间重要的中介，它是作品内涵具体形象的呈现。教师要深入挖掘教材的内涵，巧妙设计追问，利用具体情境创设言语情境来调动幼儿的已有经验，引发幼儿的联想，把作品所要表达的情感描述出来，这样可触发、调动幼儿的言语情境，将他们理智的思考引入情感体验之中，让他们在言语情境中表达真情实感。例如，故事《住在鸟窝里的小鱼》的教学中，为让幼儿进一步理解、感受小鸟对小鱼的爱，教师问道：“小鸟看到伤心的小鱼是怎样说、怎样做的？”幼儿说：“给它唱歌听，留下来陪着它，用嘴巴啄它。”这时，教师皱着眉头不理解地追问：“为什么要去啄它？难道小鸟不怕小鱼疼吗？”一句追问不仅引发了幼儿的思考，还渲染了文本的情感色彩，有的幼儿说：“因为小鸟担心小鱼死掉了，所以用嘴巴啄它。”一个小小的“啄”字蕴含了深刻的含义，因此巧妙地追问、深入地挖掘符号背后的内涵对幼儿的情感培养极为重要。

(4)给予空间，让幼儿在推理情境中相互交流、启发智慧、得到新知。

交流可以相互启发,达到共赢。在活动中,教师可创设有利于幼儿交流的活动,给幼儿更多的空间与时间,让他们在合作交流中学习,使他们的语言能力获得发展,让他们的语言素养得到提升。推理情境能激起幼儿热烈的情绪,创设情感活动与认知活动结合起来的一种情境。例如,在故事《住在鸟窝里的小鱼》的教学中,为了让幼儿思考小鸟给小鱼建鸟窝的原因,以及小鱼住进水里的鸟窝的方法,教师给幼儿提供了充分的时间与空间让他们在推理中擦出火花、探求新知。幼儿小组的成员互相交流:"水里有鸟窝的影子,小鱼可以住在影子里。""我在太阳底下、路灯下面、月亮下面,都能在地上看到自己的影子。""我见过影子,但都是黑的,这个影子怎么有颜色?""是呀,这是彩色的,和大树上的鸟窝一样颜色的,只是比树上的鸟窝颜色浅一点点。""难道是彩色影子?""我见过湖边的树映在湖面上也是有颜色的,只是比树的颜色浅一点。""可能映在地上是黑色的,映在水里是有颜色的。"通过幼儿积极的交流互动,知道了这种有颜色的、映在水面上的影子叫作倒影。虽然只留给幼儿短短几分钟的时间,但对于他们来讲,这种相互的交流探究、双向知识的建构,远比对教师的讲授记忆更深。

(5)有效回应,引发幼儿在师幼互动情境中悟真情。

语言能力并非仅仅依靠死记硬背便可获得的。幼儿在与外界沟通时,总是尝试着运用自己的语言来进行表达。教师不应该去"教"语言,而应该是以回应、评价去支持幼儿的大胆尝试,使他们不断储存语言运用中的有效"资源",最终驾驭语言。幼儿在语言交际中得到的回应和评价应该是随时随地的、真实诚恳的、自然和谐的。只有在这样的一种氛围中,他们才会大胆地运用、积极地运用、主动地运用语言。而师幼互动是教师与幼儿双方共同参与、"敞开"与"接纳"的过程。这个过程如同教练与教员之间相互"抛球"与"接球"的过程一样,不仅需要彼此接住对方的球,还应该以适当的方式、方法给予回应,将球抛还给对方。只有这样,才能促进师幼互动的有效性和连续性,保证互动的灵活性和多样性。例如,在绘本《亲爱的小鱼》的教学中,教师创设师幼互动的情境,对幼儿的回答进行有效的提升。幼儿说:"因为大海就是它的家。"教师接着说:"找到家是件快乐的事情。"幼儿说:"有爸爸妈妈了。"教师说道:"找到家人是件快乐的事情。"幼儿说:"原来冒险需要爸爸妈妈陪着,现在可以自己去冒险了。"教师说:"开始独立也是件快乐的事情。"幼儿说:"找到好朋友了。"教师说:"认识新朋友是件快乐的事情。"幼儿说:"因为它在水里学会吹泡泡了。"教师说:"学到新本领也是一件快乐的事情。”教师通过与幼儿有效互动，让幼儿明白了使人快乐的方式有很多种，为他们进一步理解故事奠定了很好的基础。

3. 迁——在情境中引发幼儿情感内化，与作品产生共鸣，即感文共情

幼儿在理解作品并为之动情后，已将自己等同于文本中所描写的对象。这时，教师要捕捉教育契机，调动幼儿的已有经验，将他们的“情思”进行迁移，变“被动角色”为“主动角色”，与作品共情。

（1）在音乐渲染情境中将情感推向高潮，引发幼儿情感内化。

根据文本的内涵选择适当的音乐渲染作品，不仅能够加快幼儿走进作品情感世界的步伐，还能使幼儿将自己融入其中，与作品产生共鸣。例如，在绘本《亲爱的小鱼》的教学中，教师利用音乐渲染情境，将幼儿的情绪情感推向高潮。有的孩子说：“小猫对小鱼太好了，喂它面包吃，把它放到大海里给它自由，真的很爱小鱼。”有的孩子说：“小鱼很爱小猫，虽然小鱼在大海里很快乐，但最后它还是回到小猫身边了……”幼儿在音乐的渲染下表达着自己的感受。如此看来，选取的乐曲与教材的基调、意境，以及情境的发展相对应、协调，用音乐来渲染情境，是非常有效的教学方法。

（2）在多媒体情境中，拓展幼儿经验，诱发情感共鸣。

多媒体能综合运用形、声、色、光的效果，虚拟现实，再现生活场景，从而营造轻松自然的学习氛围，唤起幼儿的有意注意，使幼儿在不知不觉中发散思维，诱发情感共鸣。因此，教师可以运用多媒体技术的优势来讲解作品，使文本具有可视又可动、新颖又独特的特点，以此为幼儿多角度地感悟作品创造条件。例如，在大班散文诗《听雨》的教学中，教师运用多媒体课件，将静态、平面的雨的画面变成动态、生动形象的情景，同时配上背景音乐。画面上，雨嘀嗒嘀嗒地从天空中落下来，树叶上、屋顶上……结合这种动态、形象的画面，引发幼儿回想自己在生活中看到的雨的样子，使他们充分感受散文中所表现的意境，感受文学作品的美。然后，教师又提供了视频作品《雨中情》和雨天嬉戏的图像，让幼儿通过欣赏体验下雨天可以运用不同感官来感受雨天的滋味，让心情变得快乐。在语言教学中适当运用多媒体，可以为幼儿学习语言提供丰富的材料，拓展他们的言语经验，使他们在这一过程中将自己的情感与作品共融。

4. 拓——在情境中让幼儿有感而发并形成良好的情感态度，即明理抒情

在幼儿真正感悟作品的内涵后，教师要拓展情境，让幼儿在明白道理的同

时将自己的真情实感用不同的方式表达出来,即使他们有感而发。

(1)创讲情境中感受情感,塑造良好的情绪情感。

在幼儿感悟作品的内涵后,教师要为幼儿创造一个充满哲理和情致的情感世界,引导幼儿表达感受、抒发情感。例如,在大班故事《卖火柴的小女孩》活动中,幼儿对作品已有较深入的理解和感悟,教师又为幼儿创设了创讲情境,请幼儿结合自己的感受和生活经验进行讲述,进一步抒发内心感受。有的孩子饱含感情地说:“小女孩在医生的抢救中,终于活了过来。当她再到大街上卖火柴的时候,有好多的路人都抢着来买她的火柴,不一会火柴就卖光了。回到家,她和爸爸在一起过了一个快乐的节日……”有的幼儿说:“小女孩跟外婆见了面,她扑到外婆的怀里,流下了眼泪,从此以后她和外婆在一起生活,很幸福很温暖……”幼儿在讲述的过程中,用真情实感表达了自己的愿望,抒发了内心的情感,通过创设情境对幼儿进行细水长流的情感渗透,塑造他们的心灵。

(2)在表演情境中抒发情感,明白道理。

表演情境是教师根据作品所描绘的情景,通过场景布置等为幼儿营造一种身临其境的感觉,并让幼儿用动作、表情、语言表现自己的真实情感,抒发内心感受。例如,在故事《蓝盒子》的教学中,教师创设了三个困难场景:想妈妈、过小河、怕黑,让幼儿扮演拉拉带着蓝盒子去旅行。遇到困难时,拉拉总会打开蓝盒子,声情并茂地对着蓝盒子说着自己的心里话。幼儿通过情感抒发,内化并回应感情,把自身情感的体验推向了高潮。幼儿都特别喜欢表演,在情感的交流、相互的感染中,幼儿的情感在抒发中被推向高潮。

(3)在自然情境中,感受景抒发情。

自然情境是幼儿看得见、摸得着、易于感受、易于理解的情境,这一情境可以把语言和生活结合起来。在进行“秋天”这一主题活动时,有一节关于秋天的散文诗,为了让幼儿有身临其境的感觉,教师带幼儿到户外散步来观察秋天。幼儿看到满地的落叶,跑过去一片一片捡起来,仔细地看着,一个孩子说:“怎么有这么多树叶?小树叶是怎样离开大树妈妈的?”听到这里,幼儿开始讨论。在这个过程中,教师随意和幼儿交谈,引导他们把看到的、之前了解到的说一说,启发他们用作品中的语言,如“天气渐渐冷了”“树叶渐渐黄了”来描绘自然的美。紧接着,教师又引导幼儿捡起一片树叶抛向空中,来观察树叶是怎样离开大树妈妈的。幼儿通过亲身感受,知道树叶是很轻很轻地从树上面落下来的。这时,教师及时引导幼儿用学到的词语来形容树叶飘落下来的样子,并让他们用自己的身体动作来表现树叶飘落的样子。幼儿边观察边讨论,在自然的怀抱中提高了语言理解能力、表达能力及审美能力。

第三节　幼儿园课程的社会领域与教学模式

社会领域的教育可简称社会教育。幼儿园社会教育是指以发展幼儿的社会性为目标,以增进幼儿的社会认知、激发幼儿的社会情感、引导幼儿的社会行为为主要内容的教育。幼儿园社会教育可使儿童内化社会中相对稳定的价值观和行为规范,并形成相应的社会情感和态度。幼儿的社会认知、社会行为和社会情感态度等,往往决定着他们将来能否积极地适应各种社会环境,它们对幼儿的一生都有重要影响。因此,幼儿园社会领域教育构成了幼儿园课程的一大领域,对于幼儿的全面发展和终身发展是十分重要的。

一、幼儿园社会领域教育的目标

《幼儿园教育指导纲要(试行)》规定幼儿园社会领域教育的目标是:

1. 能主动地参与各项活动,有自信心;
2. 乐意与人交往,学习互助、合作和分享,有同情心;
3. 理解并遵守日常生活中基本的社会行为规则;
4. 能努力做好力所能及的事,不怕困难,有初步的责任感;
5. 爱父母长辈、教师和同伴,爱集体、爱家乡、爱祖国。

幼儿园社会领域教育目标关注幼儿与自身的关系,包括自信、主动、坚持等品质;关注幼儿与他人的关系,包括乐群、互助、合作、分享、同情等品质;关注幼儿与群体或集体的关系,包括遵守规则、爱护公物和环境;关注幼儿与社会的关系,包括爱家乡、爱祖国等。

二、幼儿园社会领域教育的具体内容

幼儿园社会教育内容主要可包括人与自己、人与社会和人与环境三大方面。人与自己强调个体的自我认知、自我管理、情感态度、道德品质、自我价值

观的教育。人与社会，强调社会规范认知、社会文化认知、社会交往、社会和集体意识、社会技能的教育。人与环境，强调环境认知、环境保护、自然生态的教育。

三、幼儿园社会领域教育的指导与要求

《幼儿园教育指导纲要（试行）》指出幼儿园社会领域教育的指导要点是：

1. 社会领域的教育具有潜移默化的特点。幼儿社会态度和社会情感的培养尤应渗透在多种活动和一日生活的各个环节之中，要创设一个能使幼儿感受到接纳、关爱和支持的良好环境，避免单一呆板的言语说教。

2. 幼儿与成人、同伴之间的共同生活、交往、探索、游戏等，是其社会学习的重要途径。应为幼儿提供人际相互交往和共同活动的机会和条件，并加以指导。

3. 社会学习是一个漫长的积累过程，需要幼儿园、家庭和社会密切合作，协调一致，共同促进幼儿良好社会性品质的形成。

《幼儿园教育指导纲要（试行）》指出幼儿园社会领域教育的具体内容与要求是：

1. 引导幼儿参加各种集体活动，体验与教师、同伴等共同生活的乐趣，帮助他们正确认识自己和他人，养成对他人、社会亲近、合作的态度，学习初步的人际交往技能。

2. 为每个幼儿提供表现自己长处和获得成功的机会，增强其自尊心和自信心。

3. 提供自由活动的机会，支持幼儿自主地选择、计划活动，鼓励他们通过多方面的努力解决问题，不轻易放弃克服困难的尝试。

4. 在共同的生活和活动中，以多种方式引导幼儿认识、体验并理解基本的社会行为规则，学习自律和尊重他人。

5. 教育幼儿爱护玩具和其他物品，爱护公物和公共环境。

6. 与家庭、社区合作，引导幼儿了解自己的亲人以及与自己生活有关的各行各业人们的劳动，培养其对劳动者的热爱和对劳动成果的尊重。

7. 充分利用社会资源，引导幼儿实际感受祖国文化的丰富与优秀，感受家乡的变化和发展，激发幼儿爱家乡、爱祖国的情感。

8. 适当向幼儿介绍我国各民族和世界其他国家、民族的文化，使其感知人类文化的多样性和差异性，培养理解、尊重、平等的态度。

幼儿园社会教育要坚持正面教育的原则，教师要在尊重幼儿的前提下以积极的方式对幼儿提出要求，在肯定幼儿的前提下对幼儿的行为提出修正，并创设积极的环境，特别是宽容的、接纳的良好气氛，同时辅以明确的、必要的制度和规则，促进幼儿自我意识和个性的发展。

幼儿园社会教育目标不是通过简单说教所能达成的，教师要避免单一呆板的言语说教，而应采用各种适合幼儿年龄特点的生动活泼的方法来进行教育，如游戏法、故事法等。教师在社会教育方法上要注意多用纵向比较的方法肯定幼儿所取得的进步，而不是横向比较，如看谁吃饭吃得快，看谁起床起得快等，以此调动幼儿的积极性。教师还可采用行动和语言相互强化的方法，即用相应的行动来强化所提出的要求，如提出收拾玩具、整理教室时，教师一边说一边配合相应的行动，以自己的身体力行和榜样行为来促进幼儿社会规范和社会行为的形成。

幼儿的自我价值观的形成、行为规范的获得、社会态度和情感的培养是一个漫长的养成过程，幼儿园社会领域的教育除了正规的教育活动外，更应重视非正规的教育，把比较笼统的、综合的社会教育目标放在日常生活中，借助于日常生活的不断重复的特性来进行。教师要善于挖掘日常生活的教育价值，为幼儿创设各类社会交往的实践机会和条件，让幼儿在社会交往活动中形成一定社会的价值观及行为规范。

幼儿园社会教育还要取得家庭与社会的支持，使幼儿的社会情感、社会态度和社会行为能够在日积月累中逐步形成，并不断得到巩固和发展，从而得以长期坚持下去。

四、幼儿社会领域教育的“移情衍生”模式

在社会领域活动中需做到贴近幼儿生活，重视幼儿亲社会行为的养成，关注幼儿情绪、情感，以及将社会领域活动与其他各领域教育进行有机整合。于是，幼儿社会领域教育的“移情衍生”教学模式因此产生。

（一）“移情衍生”社会教学法

1. 含义

“移情衍生”社会教学法是指教师根据幼儿社会发展目标与身心发展规律，引导幼儿充分体验客体的生存状态与情绪情感，在情感换位、升华的过程中，将此体验作用到生活之中，是一个以情激情、以情染情并最终达到情意相通、情融生活的动态过程。

2. 实施原则

（1）以幼儿移情体验为基础的原则。

移情是一种积极的社会情绪情感，它可以使幼儿产生情感共鸣，从而成为推动其社会行为发展的内在动因。然而，移情并不是与生俱来的，而是需要通过一系列训练和体验才能够掌握的。移情训练是幼儿社会领域的一种比较特殊的教育方式，主要涉及社会认知和社会情感两方面的内容。它是通过讲故事、续编故事、情景表演、生活情景体验、主题游戏等形式，训练幼儿理解和分享他人的情绪情感，以使他们在日后的生活中对他人类似的情绪、情感能够主动、自然、习惯地理解和分享，并与之产生共鸣。

（2）以幼儿社会生活为依据的原则。

幼儿对他人、对自己、对事物、对社会关系的认知都源于社会现实。社会现实为“移情衍生”社会教学法提供了依据。社会性情感的发展离不开一定的社会生活现实，幼儿是通过现实生活及其表象来增加社会认知、发展社会情感、完善社会行为，以及积累社会经验的。社会生活现实与幼儿的社会性发展有着千丝万缕的联系。实践中教师越来越深刻地认识到，与社会生活、社会经验联系得越紧密的内容，越容易被幼儿接受和掌握。

（3）以幼儿具体发展为依据的原则。

受生活环境、成长经历、学习方式等的影响，幼儿现有的生活经验和学习能力具有差异性。幼儿发展中的个体差异，是人的身心发展的客观存在，“幼儿园教育应尊重幼儿身心发展的规律和学习特点”，“关注个别差异，促进幼儿富有个性的发展”。所以，“移情衍生”社会教学法的开展必须立足于幼儿已有经验、认知水平、学习风格。

3.“移情衍生”社会教学法的具体运用

(1)移——创设情境,为幼儿的情感激发浸润铺垫。

俗话说“触景生情”,情感的触发与一定的情境有关。教育家苏霍姆林斯基也说过:“儿童年龄小,经验有限,生活中的形象越明显、越具体,对他们思想的影响就越强烈。”显而易见,教学情境创设得越真切,越能使幼儿被情境吸引并浸润其中,就越能引起幼儿高昂的学习兴趣。创设积极的、寓教于情的场景环境,能够让幼儿以情入境,从而更好地达到以情动人、以情育人的目的。例如,在活动“遇到火灾怎么办”中,教师为幼儿播放一段火灾现场的视频资料。视频中熊熊燃烧的烈火、幼儿受惊吓的哭喊声等“有情之境”让幼儿在最短时间内、最大限度地受到心灵触碰,感受火灾的严重后果,从而深深理解消防员工作的危险,自然而然地产生对他们的感激、崇敬之情。

(2)情——情感共鸣,为幼儿的情感迁移支撑构建。

教育家布鲁诺曾指出:“情感能够影响人的认知。”只有通过情感体验,才能加强幼儿的社会认知,从而真正改善幼儿的社会行为。所以,丰富的情感既是社会教学的基础,更是“移情衍生”得以成功的保障。

以大班活动“看不见的世界”为例。活动中教师提出任务——请每位小朋友带上眼罩,从教室的一端走到另一端。当教师交代完后,幼儿认为非常容易。但当幼儿戴上眼罩进入“黑暗世界”之后,则马上表现得寸步难行,幼儿自然而然地体验到盲人生活的艰辛与不易。接下来,教师将全体幼儿分成两组:一组幼儿戴眼罩,另一组幼儿帮助他们穿过教室中设置的各种障碍。幼儿两两合作,手拉着手共同完成任务。教师又引导幼儿分析成功的原因,幼儿马上能够理解如果有更多人的帮助,盲人的生活会变得更加美好,这也是本次社会活动的情感价值所在。总之,在幼儿“情意相通”的过程中可以让他们对另一人、事、物的情绪得以充分体验,这也是情绪、情感换位的经历和体验过程。

(3)衍——衍生拓展,让幼儿的情感渲染升华延展。

人与人之间会捕捉到彼此的情感,个人的情感唤起会作用于更多的人,从而产生相应的或补充性的情感。

“做错事以后”的大班社会活动教学中,幼儿虽然知道做错事只要勇敢承担就可得到谅解,但是让他们在公开场合说出自己的犯错经历,还是有许多幼儿表现得难为情。教师可为每位幼儿提供一个“秘密口袋”,并且告诉他们这个

“秘密口袋”不仅能替他们保守秘密，还会随时提醒自己改正错误。幼儿手捧小口袋，在优美的音乐中说出自己的犯错经历、弥补自己错误的方法等。在温馨的氛围中，幼儿的内心情感得以充分表达，并在情感的体验中获得真情实感，情感也由此得以升华与延伸。

(4)生——生活实践，为幼儿的情感抒发释放运用。

学前教育课程专家虞永平教授指出：“真正生活化的教育应该来自于幼儿的需要和兴趣，最立足于幼儿生活经验的，也是最有利于幼儿获得有益经验的。”所以，让社会活动走进生活、融入生活就显得尤为重要。

在组织“环卫工人真辛苦”活动教学时，教师与幼儿共同为社区里的环卫工人制作感谢卡，邀请他们来幼儿园参加活动；在“好朋友在一起”活动中，教师与幼儿共同制作友谊树，鼓励幼儿交到更多的朋友，努力让友谊之树枝繁叶茂；在“我的心情”活动中，教师为每位幼儿制作了一个“心情温度计”，使幼儿既能直观表达出自己此时此刻的心情，又可以清楚地看到同伴的情绪，当人家看到同伴的心情温度计显示伤心或难过时，就会主动地向同伴询问，安慰他，关心他，帮助他，让人与人的交往充满温情。

4.“移情衍生”社会教学法的反思

(1)“移情衍生”社会教学法需要教师具备较强的观察能力，这也是把握幼儿已有经验、了解幼儿发展状况的基本途径。

“移情”所提供的需要儿童情感移入的情景或情节，必须是幼儿所熟悉的或是能理解的，还要符合儿童的年龄特点及认知特点。在“衍生”过程中需要充分调动幼儿已有经验和体验，让幼儿学会换位思考，设身处地体验他人的情绪情感，尝试理解他人的所思所想，以唤起儿童对情景、情节、角色等的理解与共鸣。这对教师的观察能力、分析了解幼儿的能力要求较高。

(2)“移情衍生”社会教学法需要在幼儿日常活动中进行渗透。

“幼儿社会学习是一个潜移默化的过程”，区域活动、生活活动等都是开展“移情衍生”社会教学法的好途径。教师可以把握现实生活中的教育时机，为幼儿提供实践锻炼的机会。例如，当小朋友生病时，引导班级中的幼儿为生病的小朋友送去问候和祝福；当同学不小心犯错时，鼓励幼儿宽容、豁达、原谅对方……在生活中幼儿感受到别人的感受、思考着别人的思考，能够帮助幼儿形成接近感、安定感。

(3)移情衍生需要“家”与“园”合作,让幼儿园、家庭相互支持。

在幼儿的整个发展过程中,无论是幼儿园教育还是家庭教育都起着关键的作用,它们是相互补充、相互制约的。教师要将“移情衍生”社会教学法运用到家长工作之中,让教师、家长彼此间沟通无阻碍,在形式多样的“家园”活动中,帮助家长建立科学、全面的家庭教育观与育儿观。而这一切,最大受益者莫过于幼儿,他们在和谐、融洽、宽容、向上的“家”“园”氛围中成长,对于他们的心理健康成长、社会道德的形成都是极为有利的。

(二)“激情·悟情·抒情”社会教学法

1. 含义

“激情·悟情·抒情”教学法,是指在情感营造中激发幼儿参与活动的兴趣,让幼儿在回忆已有生活经历及亲身感受到的情绪、情感体验中领悟真谛。并在以多种方式创造性地抒发自身情感的调控情绪中,增强其社会认知,真正改善社会行为。

2. 教学法内容

“激情”是指饶有兴趣地参与活动,产生新的情绪、情感体验。可以通过音乐渲染、情由心生,参与游戏、快乐激趣的方式。

“悟情”是指在追忆、换位中思考体验,感悟情的真谛。可通过公益广告、视频动画,在发现中悟情;结合生活实例,在分析中悟情;借助文学作品,在思考中悟情;设疑提问,在辩论中悟情。

“抒情”是指学习调控情绪并创造性地表达情绪情感。在调控情绪的基础上,结合已有经验表达,采用多种方式创造性地表达。

(1)激情——产生新的情感体验。

兴趣是孩子最好的老师,调动幼儿参与活动的积极性是开展活动的前提。教师要根据教育内容和教学目标选择适宜的活动形式。例如,可以通过播放恰当的音乐营造教学气氛,使幼儿置身于特定的情境之中,通过有趣的游戏引导幼儿在互动中激发兴趣,从而获得新的情绪情感体验,为接下来更好地参与活动进行铺垫。

(2)悟情——感悟情的真谛。

情绪追忆和情感换位是领悟情感的前提。情绪追忆是指通过多种方式提示,唤醒幼儿在现实生活经验中,亲身感受到的已有的情绪体验;情感换位则是幼儿在分析讨论中转换角色去体验某种情绪、情感的状态而产生的情绪体验。通过情绪追忆和情感换位,幼儿得以把过去的经验迁移到相应的社会情境之中,使自己置身其中,设身处地地为他人着想或设想他人正在感受的情绪、情感,从而产生共情,领悟其中的含义。例如,在社会活动“爱是什么”的教学中,教师引导幼儿在公益广告《洗脚》中交流自己寻找到的爱,并在妈妈给奶奶洗脚,以及孩子为妈妈洗脚的相互关爱中明白爱的传承。又如,引导幼儿在分析同伴之间发生争执的事例中,换位思考,猜想结果,分析并感悟同伴间宽容原谅对方也是一种爱。再如,借助文学作品,将隐含爱的图片或主要情节展示给幼儿,让他们结合自己的已有经验和亲身经历,感悟情感,领悟真谛。

(3)抒情——创造性地表达。

抒情是指将自己移情的体验表达出来,抒发自己的情怀,表达自己的想法。抒情的方式是多种多样的。在这一过程中教师要帮助幼儿恰当地表达和学习调控情绪。幼儿不像成人那样能够较好地调控自己的情绪、情感,表达自己的情感时往往会情绪激动,此时教师的开导与激励非常重要,有助于帮助幼儿初步学会调控情绪。当今幼儿普遍欠缺向他人表达自己的情感的能力,更不用说采用多种方式进行创造性地表达。其实,向他人表达感谢的方法有很多,如为他人做力所能及的事、写信、画画、自制贺卡、一个拥抱等都是表达关爱的方式,这些对于多数幼儿来说可以成为新的经验。

3. 教学法的具体应用

幼儿社会领域教学有其特殊性,社会目标的落实单凭一节社会教育课是远远不够的,还应和其他领域的教育有机结合起来,渗透在一日生活的各个环节之中。尤其是社会态度和社会情感的学习,往往不是教师直接“教”的结果,而是幼儿在实际生活、教育活动中积累有关经验而习得的,正如陶行知先生所说的“生活即教育”。

(1)学会夸奖幼儿——告诉孩子:你很棒。

教师的人格特征、言行举止、心理健康状况,以及对幼儿的态度,直接影响着幼儿的发展。活动中教师要善于发现,经常夸奖幼儿好的行为,告诉幼儿:“你很棒!”教师的夸奖可以引导幼儿发现自己的长处,使幼儿获得自信、明确学习方向,并能使他们积极主动地参与各项活动。

(2)为幼儿创设真实的情境——鼓励孩子:你能行。

幼儿的学习活动往往与游戏和日常生活密不可分。游戏和生活中不断出现的真实问题能使幼儿调动和运用已有经验,并在不断解决问题中获得新经验。因此,游戏和日常生活是幼儿进行各方面学习的重要途径。引导幼儿做值日生、自己收放区角活动材料、自己叠被褥、自己穿脱衣服等,这些要求的目的就是让幼儿懂得整理物品是每个小朋友的责任,让幼儿学会有条理地整理物品,提高自我管理和自我服务意识,从而帮助幼儿从小树立主人翁责任感。

(3)为幼儿提供做事的机会——引导孩子:你能做好。

幼儿的任务意识需要从小培养。教师经常向幼儿布置一些小任务,如准备上课用的东西、带某一样物品、穿园服等,第二天予以检查、表扬,不断强化,引导幼儿重复教师的任务,久而久之幼儿的任务意识就会有明显提高。同样,凡是幼儿能想的就鼓励幼儿自己思考,凡是幼儿能做的就鼓励幼儿大胆尝试。例如,请幼儿轮流当“小小服务员”,像老师一样随时关注同伴喝水量、如厕盥洗情况,并负责台面、桌面干净整洁,从而,帮助幼儿提高观察力和自律意识,学会使用抹布擦桌子、水盆台面,学会用地板擦擦地等,感受劳动的辛苦,并学会爱惜别人的劳动成果。

(4)激发幼儿的社会性情感——暗示孩子:热爱周围的人。

社会性培养需要晓之以理、动之以情,需要结合实际营造环境和氛围。因此,教师应抓住各种节日对幼儿进行情感渗透。例如,“三八妇女节”组织“我爱妈妈”的活动,使幼儿了解妈妈养育自己成长的辛苦过程,激发他们爱妈妈的情感。活动中,幼儿通过观看家人为自己建立的成长册、收集成长过程中一些具有特殊意义的物品(第一双鞋、袜子等),不仅了解自己的成长过程,还感受到妈妈的辛苦与不易;幼儿把印有自己小脚丫的出生证、出生牌、胎毛笔等带来与大家分享。又如,“关心生病的小朋友”活动目的是引导幼儿观察同伴来园情况,看看谁没来,使幼儿学会关心、同情他人,加强幼儿之间的情感交流。

(5)开展丰富的节假日活动——引导孩子:我参与我快乐。

家长对孩子的教育意识越来越强、对节日的重视程度越来越高,社会对节日的宣传与报道也越来越多。因此,教师应抓住节日时机对幼儿进行教育,同时也起到家园社会一体化的事半功倍效果。例如,“植树节”时,教师可组织家长和孩子一起开展植树活动,同时了解一些植树习俗。通过实践操作活动,可使幼儿感受种树的辛劳,激发他们爱护植物的情感。鼓励他们与同伴进行交流和合作,体验大家合作植树的喜悦与成功的快乐。

(6)关注社会焦点问题——引导孩子:我能做些什么?

幼儿的发展是在与周围环境的相互作用中实现的。一些社会热点和焦点问题在传播中通过社会、通过家庭多多少少会对幼儿产生影响。在地震救助期间,教师发起了倡议:为灾区小朋友献爱心。怎样献爱心呢?在教师、家长的集思广益下,有的幼儿周末在广场卖报纸,用此款项为灾区儿童购买学习用品,还有的孩子从家里带来衣物。经过多方联系,最终选择了重灾区的一个地点,大家将东西一并邮寄。简单的活动,却让幼儿体会到了过程的辛苦,感受到自己的力量,献出了自己的爱心,从而把社会性教育落在了实处,使幼儿社会性情感在实践中得到体验和内化。

(7)顺应需要渗透教育目标——启发孩子:这是我的需要。

结合大班下学期要面临入小学的需要,教师组织幼儿开展参观小学的活动,目的是激发幼儿对小学的兴趣,让幼儿感受小学与幼儿园的不同,对小学有初步的认识,减少对小学的陌生感。幼儿对参观小学很感兴趣,纷纷表达自己的所见所闻。这样的活动可帮助幼儿做好升入小学的思想上的准备,能有效地帮助大班幼儿适应以后的小学生活。这种顺应幼儿发展需要进行的渗透性教育,对幼儿社会性的发展起到了极大的促进作用。

(8)抓住生活中的点点滴滴——启发孩子:关心、同情别人。

教师要有意识地抓住日常生活中的突发事件和平常小事,善于发现事件中所隐含的教育价值进行随机教育,如:幼儿不舒服、摔倒了,没有玩具,没有朋友,心情不愉快等。这些都可以作为同情心教育的内容。针对所发生的事件随机对幼儿进行同情心方面的引导和教育,对于促使幼儿从一时的、个别的、短暂的同情行为转化为内在的、自觉化的品质,是非常有必要的。

第四节　幼儿园课程的科学领域与教学模式

科学领域的教育可简称科学教育。科学教育是教育的一个重要组成部分,主要是指各级各类学校进行的数学和自然科学教育。幼儿园科学教育是幼儿认识周围世界,获取知识与经验的重要途径,在实现幼儿园课程目标上发挥了重要的作用,是幼儿园课程必不可少的组成部分。

一、幼儿园科学领域教育的目标

《幼儿园教育指导纲要(试行)》规定幼儿园科学领域教育的目标是:

1. 对周围的事物、现象感兴趣,有好奇心和求知欲;
2. 能运用各种感官,动手动脑,探究问题;
3. 能用适当的方式表达、交流探索的过程和结果;
4. 能从生活和游戏中感受事物的数量关系并体验到数学的重要和有趣;
5. 爱护动植物,关心周围环境,亲近大自然,珍惜自然资源,有初步的环保意识。

以上科学领域目标的表述,说明幼儿园科学教育的价值取向不是注重静态知识的传递,而是注重幼儿对科学学习的情感态度和幼儿探究解决问题的能力、与他人及环境的积极交流与和谐共处。因此,教师在幼儿园科学领域教育课程中,首先应注意培养幼儿对科学现象永久的好奇心和探究欲望,它们是使幼儿的认知活动得以维持和取得成功的首要前提。同时,教师还要在科学教育中,让幼儿多运用各种感官,积极地观察、操作和实验,通过科学教育发展幼儿探究解决问题的能力,获得初步的科学态度和价值观。此外,教师在科学教育中,不仅要让幼儿学习科学,还要发展语言,让幼儿通过交流梳理头脑中的信息,明晰所发现的事物特征和关系,以及自己的探究过程,从而既构建起科学知识与经验,又形成正确的表达方式。幼儿园科学教育的最终目标是让幼儿关爱环境、珍爱生命,教师为此要多为幼儿提供与周围环境、动植物、大自然的直接接触和探究活动的条件,让幼儿逐渐发现和感受到自然界的奇妙和美好,体验人与环境及动植物之间的依存关系,并让幼儿投入到保护环境的活动中去,使幼儿逐步产生珍惜自然资源的情感和初步的环保意识。

二、幼儿园科学领域教育的具体内容

《幼儿园教育指导纲要(试行)》指出幼儿园科学领域教育的内容与要求是:

1. 引导幼儿对身边常见事物和现象的特点、变化规律产生兴趣和探究的欲望。

2. 为幼儿的探究活动创造宽松的环境，让每个幼儿都有机会参与尝试，支持、鼓励他们大胆提出问题，发表不同意见，学会尊重别人的观点和经验。

3. 提供丰富的可操作的材料，为每个幼儿都能运用多种感官、多种方式进行探索提供活动的条件。

4. 通过引导幼儿积极参加小组讨论、探索等方式，培养幼儿合作学习的意识和能力，学习用多种方式表现、交流、分享探索的过程和结果。

5. 引导幼儿对周围环境中的数、量、形、时间和空间等现象产生兴趣，建构初步的数概念，并学习用简单的数学方法解决生活和游戏中某些简单的问题。

6. 从生活或媒体中幼儿熟悉的科技成果入手，引导幼儿感受科学技术对生活的影响，培养他们对科学的兴趣和对科学家的崇敬。

7. 在幼儿生活经验的基础上，帮助幼儿了解自然、环境与人类生活的关系。从身边的小事入手，培养初步的环保意识和行为。

幼儿园科学领域的教育内容是很广泛的，包括科学教育和数学教育两大部分。科学领域的内容具有情景化、过程化、活动化、经验化的特点，科学教育内容主要有植物和动物、生态与环境教育、自然科学现象、科技教育等。植物和动物的教育内容主要是让幼儿认识某些动植物，特别是生活中比较常见的，或者是能引起幼儿兴趣的动植物的名称、外形特征和主要结构。生态与环境的教育内容主要是向幼儿介绍动植物的生活与环境的关系，让幼儿了解周围生活中的环境污染现象和人们保护生态环境的活动。自然科学现象的教育内容主要指让幼儿感知和了解周围生活中常见的自然现象，获取有关的科学经验。科技教育内容是指让幼儿接触日常生活中经常使用的科技产品，如手机、电视机、计算机等，让幼儿了解现代科学技术在生活中的运用。具体选择和确定幼儿园科学教育内容时，教师应注意从幼儿的身边取材，从幼儿身边的事物开始，引导幼儿关注周围生活和环境中常见的事物，发现其中的乐趣和奇妙，使幼儿感到“科学并不遥远，科学就在身边”。

除科学内容外，幼儿园科学教育还包括数学教育的内容。新《纲要》没有将数学领域的课程单列，而是放在科学领域之中，试图将其与科学领域整合为一个有机的整体，因此，新课程改革背景下的幼儿园科学教育，要求教师将科学教育与数学教育融为一体。教师要以幼儿对物体的探究所获得的感性认识为基础构建初步的数概念，将幼儿的科学探究活动作为数学学习的基础。同时，让幼儿在解决问题的过程中运用数学、理解数学、学习数学，使数学成为科学探究的工具。具体的数概念主要有数和数的运算、量和量的比较及自然测量、形和数形结合、时间和空间等。数和数的运算指让幼儿初步认识数1—10和0的含义，认识和会书写从0—9的阿拉伯数字，能进行10以内数的计数活动和加减运算等。量、量的比较和自然测量指让幼儿初步认识日常生活中的一些常见量，如大小、长短、轻重、粗细、高矮、厚薄、宽窄、远近等，会对一些具体事物进行量的比较，能运用一些自然物（如手、臂、棒、绳等）对物体进行自然测量。形和数形结合指让幼儿初步认识一些简单的平面几何图形，如圆形、三角形、长方形、椭圆形、梯形等和一些简单的立体几何图形，如球体、正方体、长方体、圆柱体等，能掌握一些简单的几何图形特征中的数量关系（如大小、宽窄等）。时间和空间指让幼儿初步认识早晨、晚上、黑夜、今天、昨天、明天、星期、几点钟等时间概念，能区分上下、左右、前后等空间方位。

幼儿园科学教育的要求首先是要求教师为幼儿的科学活动创设安全的探究环境，它是幼儿主动学习和探究的基本前提和条件。为营造安全的氛围，教师要允许孩子出错，并善于判断幼儿错误背后的真正原因；在科学教育活动中要支持鼓励幼儿大胆提出问题，接纳幼儿不同的意见、探究方式和发现，多给予幼儿激励性的评价。教师要因地制宜为幼儿提供丰富的、有意义的材料，鼓励幼儿自由选择并支持、引发幼儿与材料的相互作用。教师在科学活动中，还要注重发展幼儿合作、表达与交流的能力，让幼儿感受技术，崇尚科学，培养幼儿的环境保护意识和行为。

科学教育的内容应从生活取材，引导幼儿关注周围生活和环境中常见的事物，发现其中的奇妙，激发他们的探究热情，使他们从小就善于观察和发现。这样，有益于保持幼儿的好奇心，有益于他们真正地理解科学、热爱科学。

1. 探究和认识植物。

自然界有各种各样的植物，通过引导幼儿观察和探索，幼儿不仅能够发现植物的特点，了解植物的生长过程及变化规律，而且可以感受到自然界的奇妙和植物顽强的生命力。让幼儿探究植物可以培养他们的好奇心，培养他们关爱与呵护植物的情感和能力，以及对劳动的热爱。

2. 关爱和研究动物。

引导幼儿通过与小动物的实际接触、观察、探究和记录，了解它们的生长、行动、进食等明显而有趣的特征，以及与环境的依存关系。总之，要尽可能地创造条件让幼儿有更多的机会接触动物,让幼儿产生对动物的关爱之情和对动物的研究热情。

3. 体验和了解材料。

了解材料的性质及其简单的相互关系,有助于幼儿更好地游戏和生活。幼儿尤其需要通过各种感官与材料相互作用的过程来认识材料的特性。因此,教师要充分利用当地资源,为幼儿提供与水、沙、石、泥、面、颜料、纸、木、塑料、铁、布等材料相互作用的机会和条件,支持幼儿的操作摆弄、探究、实验、制作等活动,引导他们通过自己的发现主动建构有关的知识经验。

4. 经历探究过程,发现事物间关系。

自然界的物体在相互作用时会表现出一些基本特点和相互关系,幼儿在日常生活和游戏中可能接触到事物的特点和关系。浮力、摩擦力、重力等各种自然力,以及光、热、电和磁等能量及其形式,这些基本关系会使幼儿感到自然界的奇妙。教师要为幼儿的探究和发现铺路搭桥,使他们亲身体验自然界的奇妙和探索发现的乐趣。

5. 尝试使用工具,体验技术设计。

尝试使用工具的经验将对幼儿终身的生活、学习和工作有益。在幼儿园,教师可以为幼儿提供一些与科学探究和数学学习相关的工具,如温度计、尺子、天平、剪刀、放大镜、锤子、漏斗、筛子、各种容器等。在幼儿使用这些材料进行探究和游戏的过程中,教师要引导幼儿体验工具的作用和价值,帮助他们理解数量关系。

6. 感受天气变化,发现自然奇妙。

大自然以其无比宽广和慈爱的胸怀,在每一个季节都向幼儿献出妙趣横生的礼物——雪、雾、风、雨等。幼儿用它们做游戏——打雪仗、捉迷藏、放风筝、玩泥巴……感受、体验和发现自然界的变化和奇妙。

7. 关爱环境,珍惜资源。

每个人都是环境的一分子,教师要善于引导幼儿从自身和他人的经历和体验中了解关爱环境、珍惜资源的真正意义,使他们在力所能及的范围内亲身实践善待生灵、保护环境的行动。

三、幼儿园科学领域教育的指导

《幼儿园教育指导纲要(试行)》指出幼儿园科学领域教育的指导要点是:

1. 幼儿的科学教育是科学启蒙教育,重在激发幼儿的认识兴趣和探究欲望。

2. 要尽量创造条件让幼儿实际参加探究活动,使他们感受科学探究的过程和方法,体验发现的乐趣。

3. 科学教育应密切联系幼儿的实际生活进行,利用身边的事物与现象作为科学探索的对象。

幼儿园科学教育是科学启蒙教育,这是由幼儿的年龄特点决定的,因为幼儿的知识主要是一些有关周围物质世界的经验性的知识,属于“前概念”水平,因此,教师不能以牺牲幼儿的认识兴趣和探究欲望为代价来追求知识的传递和经验的获得。幼儿园科学教育可通过专门的教育活动来进行,在幼儿园科学教育中,教师要尽量创造条件让幼儿参加探究活动,亲身经历真实的研究过程,要让幼儿真正地“做科学”,以此培养幼儿的科学情感和科学探究的能力,引导和训练幼儿的科学方法、行为、习惯。教师要注重让幼儿充分体验科学探究、科学发现的过程,强调科学活动过程中“提出假设—动手操作—记录信息并得出结论—表达与交流”等基本环节。

幼儿园科学教育要做到生活化,利用幼儿身边的事物和现象作为科学探究的对象。此外,幼儿的一日活动丰富多彩,其中包含了许多科学教育素材,教师可以将科学教育灵活地渗透于幼儿的一日生活中,在幼儿的一日生活中随时随地地进行科学教育,让幼儿去发现问题、解决问题,主动建构知识和经验。

四、科学领域活动“梯式”教学模式

随着科技的进步、生产的发展,要求各项工作讲求效益、提高效率。对于教育工作者来讲,研究和改进教学方法,对提升自身的专业能力和水平,在工作中少走弯路并用较少的时间、精力和物力取得最佳的教学效果,更好地为家长和幼儿服务,都有着重要的意义。

（一）定义

“梯式”教学法取“梯子”之意。梯子由两根长、粗的杆子来做支撑，中间横穿适合攀爬的横杆，用于爬高、攀缘和架构。幼儿科学教育的核心是激发探究兴趣，体验探究过程，发展初步的探究能力。“梯式”教学法是以科学活动的核心价值作为总目标，激发和保护幼儿的好奇心，充分联系实际生活，尊重幼儿的思维特点，引导幼儿通过直接感知、亲身体验和实际操作进行科学学习，形成受益终身的态度和能力。

“梯式”教学法是在科学教育中，依托生活经验，以自主探究方法为支撑，以适合幼儿思维方式和年龄特点的经验为横杆，搭建供幼儿主动探究的梯子。其目的是通过幼儿亲身体验探究过程，形成对已有经验的“修补”，进而激发幼儿探究的兴趣，发展探究能力，培养勇于探究精神。

（二）幼儿园科学活动“梯式”教学法的理论依据

1. 以“经验主义”理论为基础

杜威的“经验主义”理论提出“教育即生活”“教育即生长”“教育即经验改造”。教育能够传递人类积累的经验，丰富人类经验的内容，从而增强经验指导生活和适应社会的能力。“梯式”教学法以杜威的“经验主义”理论为理论支撑和基础。

2. 以“做中学”理论为方法

杜威的“做中学”理论把教学过程看成是“做”的过程，也是“经验”的过程，即所谓“从做中学”和“一切学习都来自经验”。“做中学”理论是“梯式”教学法实施方法的重要理论支撑。

3. 以“建构主义”理论为统领

皮亚杰的“建构主义”理论以学生为中心，强调学生对知识的主动探索、主动发现和对所学知识意义的主动建构。建构主义理论为“梯式”教学法实施过程中教师对活动内容的合理设计、角色意识的养成，以及幼儿主体探究地位的体现提供了重要的理论指导。

(三)“梯式”教学法的基本模式

1. 两个“支撑”

(1)以幼儿生活经验为依托,即经验的唤醒、经验的生成、经验的应用、经验的拓展。

(2)以幼儿主动探究为方法,即激发兴趣探究、引导主动探究、支持验证探究、联系拓展探究。

2. 四条“横杆”

(1)开动——唤醒经验。

(2)主动——梳理经验。

(3)能动——内化经验。

(4)联动——发散经验。

3. 相互关系

横向相互支持、相互关联;纵向层层递进。

(四)幼儿园科学活动“梯式”教学法的实施原则

1. 主体性原则

任何一种好的教学模式或方法都需充分地发挥幼儿的主体性,“梯式”教学法也不例外。

2. 生活性原则

教育来源于生活,服务于生活。“梯式”教学法以幼儿生活中的已有经验为依托,最后再回归于生活,充分体现了生活性原则。

3. 探究性原则

只有在不断探究中,幼儿才能获得真知识。“梯式”教学法结合幼儿探究的规律,引导幼儿主动探究,运用观察、比较、操作、实验等方法,体验发现问题、分析问题和解决问题的探究过程,发展初步的探究能力。这充分体现了科学活动的探究性原则。

4. 层层递进原则

“梯式”教学法在各个环节的设计上找准适合幼儿探究的生长点和落脚点,以旧引新,由浅入深,层层递进,各个环节相互依托、相互关联。

(五)“梯式”教学法在教育教学中的运用

1. 合理设计科学集体教育活动

(1)合理设计支撑,搭建好攀登的“梯子”。

合理设计两条支撑,顺应各自的发展主线,为幼儿的攀登搭建“梯子”。教师需要分析教材和各年龄段幼儿不同的认知和思维特点,做到“三个把握”:充分把握幼儿已有经验、准确把握幼儿可能生成的新经验、合理把握幼儿经验的拓展方向。

以科学活动“工具作用大”为例。教师通过分析教材、询问幼儿等方式,充分了解幼儿的已有经验——在生活中经常会见到自己的长辈使用一些厨房用具、维修工具等,知道它们的名称或一些简单的用法,但很少使用,对其感兴趣。在此基础上确定可生成的关键经验——通过观察和使用工具对其名称、特征以及特征与功能之间的联系有一定的了解。在经验拓展方面,一是情感经验的拓展,充分地感受工具给人们生活带来的便利,二是探究欲望的激发,感受便利的同时使幼儿进一步萌发探究工具的欲望。

教师通过了解幼儿探究过程的规律,认真思考“三个如何一个发展”,即思考如何激发幼儿的探究兴趣、如何引导幼儿主动地进行探究、如何联系生活激发幼儿进一步探究欲望、在探究过程中发展幼儿的何种探究能力。

教师通过思考“三个如何一个发展”找到合适的方法支持幼儿的探究过程,如在“工具作用大”活动中确定了“出示百宝箱”“工具展览会”“实验小游戏”“视频展示”“问题导入”等方法,从而完成对探究线索的确立。

(2)巧妙运用支撑边相互作用,确定活动过程。

运用两根支撑边的相互作用,确定活动过程的环节,保障活动的有效实施。两条线索的相互作用具体体现在四个方面:通过唤醒已有经验激发幼儿探究兴趣，通过引导幼儿主动探究生成关键性经验，通过支持幼儿探究和验证完成对关键经验的应用和内化，通过联系生活完成对经验拓展性的探究。运用两条支撑边的相互作用确立活动环节，如在活动“工具作用大”中，第一个环节通过装有一些常见工具的“百宝箱”激发幼儿探究兴趣，第二个环节创设“工具展览会”的情境引导幼儿主动探究，第三个环节创设不同的“实验游戏”支持幼儿探究验证内化经验，第四个环节通过“欣赏视频”和“问题呈现”拓展幼儿经验，从而形成对教育活动整体思路的合理设计，保障活动有趣、有序地进行。

(3)准确把握环节节奏，推进活动有序开展。

在实施环节的过程中，教师掌握迈、蹬、踏、跨的节奏，最大限度地发挥活动的价值。

第一个环节“迈得要快”，教师要尽快激发幼儿的兴趣，引导幼儿快速投入到活动中；第二个环节“蹬得要准”，让幼儿在探索中形成准确的关键经验；第三个环节“踏得要实”，踏踏实实地落实新经验的内化；第四个环节“跨得要新”，紧密联系生活，要有新意。例如，“工具作用大”活动中，第一个环节直接出示“百宝箱”，通过摸一摸、听一听、猜一猜快速激发幼儿兴趣，用时3分钟左右；第二个环节参观“工具展览会”，通过具体问题启发、亲身体验、交流探讨让幼儿形成准确的关键经验，用时10分钟左右；第三个环节操作“实验小游戏”，通过有效猜想、操作验证、讨论交流的方式，经过发现问题、分析问题、解决问题的过程，让幼儿脚踏实地内化经验，用时12分钟左右；第四个环节“观看视频”，通过让幼儿观察了解一些新奇的工具在生活中的应用，拓展发散经验，进一步激发幼儿探究的欲望，用时6分钟左右，形成最佳的教育效果。

2. 深入理解“梯式”教学法内涵，发挥活动最大效能

幼儿活动是一个从开动到主动到能动，再到联动的探究过程，要在开动的基础上引发幼儿的主动，在主动的基础上提供机会，充分锻炼幼儿的能动，最终达到联动的效果。

(1)开动——唤醒已有经验，激发幼儿探究兴趣。

要以幼儿熟知的内容为依托，采用合适的策略激发幼儿的探究兴趣，从而达到开动的目的。

教师可采用画面开动的方法，通过图书、图片、多媒体的展示呈现幼儿已有的生活经验。

在科学活动“有趣的海洋动物”的教学活动中，通过视频画面呈现幼儿在生活中常见的一些有趣的海洋动物，以此唤醒幼儿的已有经验，引发幼儿探究的兴趣。

还有实物开动、游戏开动等多种形式。

在本环节中，教师无论运用何种做法唤醒幼儿的已有经验，都是为了激发幼儿的探究兴趣，所以要注意活动创设的趣味性。在实施此环节时要注意：一是教师要做好对幼儿已有经验的筛选工作，选择幼儿感兴趣的、能引发孩子好奇，或有明显变化的内容进行呈现；二是在活动过程中，教师运用一些幽默的动作语言引发幼儿注意，使幼儿自然快速地从活动外进入活动内，进而为幼儿的主动参与和主动探究提供动力。

（2）主动——自主梳理经验，激发幼儿主动探究。

教师要引导幼儿自主梳理已有经验，形成新的经验，使幼儿养成主动探究的习惯，发展幼儿的探究能力。

教师要采用实物（模型）探究的方法。这种方法是让幼儿对实物进行有目的的观察、比较、操作或者实验，通过直接感知、亲身体验的探究过程生成新的关键性经验。例如，在科学活动“神奇的中草药”的教学中，引导幼儿运用多种感官通过观察、比较等方法主动探究常见的一些中药，形成中药种类繁多、颜色不同、味道不同的新经验。

还有多媒体探究、实验探究等形式。

本环节是幼儿主动探究和幼儿新经验生成的关键环节。在实施此环节时要注意：一是在探究材料的选择和提供上，注意选择幼儿易操作、易观察，有助于幼儿快速生成新经验的材料或多媒体课件；二是在时间上注意给幼儿提供较多的探究时间，提出言简意赅的要求及合理的问题，引导支持幼儿进行有目的、有意义的探究；三是在探究形式上，根据实际活动的需要，进行集体、小组或个人不同形式的探究，达到幼儿“主动”建构的目的。

（3）能动——内化新经验，培养幼儿的能动性。

结合幼儿形成的新经验，创设适当的问题情境，引导幼儿在解决问题的过程中，充分发挥自身能动性，感受成功的乐趣。

教师可采取排序内化的方法，即提供操作材料，引导幼儿运用新经验进行操作排序，内化经验。例如，大班科学活动“电的秘密多”中，幼儿通过对电的传播卡片进行操作排序，从而内化新的经验。

还有归类操作、游戏竞赛或顺应发展等内化形式。

本环节充分发挥幼儿的能动性，让幼儿积极参与活动。教师应注意：一是创设完整的探究过程，通过设置问题，引导幼儿进行有效猜想、操作记录、实验验证、交流发现，充分发挥幼儿的能动性，发展幼儿的探究能力；二是提供自主选择的机会，创设不同的问题游戏，让幼儿自主选择喜欢的游戏进行探究，激发幼儿的内驱力和能动性。

(4)联动——发散经验，激发幼儿进一步探究欲望。

本环节中，可采用多媒体拓展或问题引导等方式进行拓展，着重引发幼儿的联动，但应注意以下几点。一是结合理性经验，充分挖掘幼儿的感性经验。例如，幼儿通过对恐龙种类的探究喜欢恐龙，萌发保护动物的情感；通过探究电的传播途径，产生对电探究的浓厚兴趣。二是针对不同活动内容，有重点、有目的地进行经验的发散和拓展。例如，针对动、植物的研究可以向环保等方面进行发散，针对自然现象可以向安全教育方面发散拓展，针对节日、民族可以向文化素质方面发散，针对实验活动可以向引发想象力和创造力方面发散。总之，通过经验的发散触动幼儿的心灵，从而培养幼儿的探究精神。

第五节　幼儿园课程的艺术领域与教学模式

艺术领域的教育可简称艺术教育。艺术教育是人的全面发展中必不可少的一部分。幼儿园艺术教育是幼儿全面发展的有机组成部分，艺术的语言和表现方式可培养幼儿的美感，塑造幼儿健全的人格，从而促进幼儿终身的可持续发展。因此，幼儿园艺术教育是幼儿园课程的重要组成部分。

一、幼儿园艺术领域教育的目标

《幼儿园教育指导纲要(试行)》规定幼儿园艺术领域教育的目标是：

1. 能初步感受并喜爱环境、生活和艺术中的美；

2. 喜欢参加艺术活动，并能大胆地表现自己的情感和体验；

3. 能用自己喜欢的方式进行艺术表现活动。

可见，通过艺术教育，教师首先要激发幼儿参与艺术活动的兴趣和情趣，让幼儿体验审美的愉悦。同时,通过艺术教育,教师还要促进幼儿艺术这一自我表达的重要方式的发展与提高。

二、幼儿园艺术领域教育的内容

《幼儿园教育指导纲要(试行)》指出幼儿园艺术领域教育的内容是:

1. 引导幼儿接触周围环境和生活中美好的人、事、物,丰富他们的感性经验和审美情趣,激发他们表现美、创造美的情趣。

2. 在艺术活动中面向全体幼儿,要针对他们的不同特点和需要,让每个幼儿都受到美的熏陶,得到培养。对有艺术天赋的幼儿要注意发展他们的艺术潜能。

3. 提供自由表现的机会,鼓励幼儿用不同艺术形式大胆地表达自己的情感,分享他们创造的快乐。

4. 在支持、鼓励幼儿积极参加各种艺术活动并大胆表现的同时,帮助他们提高表现的技能和能力。

5. 指导幼儿利用身边的物品或废旧材料制作玩具、手工艺品等来美化自己的生活或开展其他活动。

6. 为幼儿创设展示自己作品的条件,引导幼儿相互交流、相互欣赏、共同提高。

幼儿园艺术教育的内容主要包括美术教育和音乐教育。

美术教育的内容主要有绘画、手工和美术欣赏。绘画的教育内容主要是学习运用各种绘画工具和材料(如蜡笔、油画棒、彩色水笔、彩色铅笔、毛笔、水粉笔、墨水等),通过线条、形状、构图、色彩等美术语言,创造各种视觉形象。手工的教育内容主要是学习运用各种手工工具和材料(如剪刀、笔、刀、尺、订书机、胶水、橡皮泥等),通过剪、撕、折、贴、刻、织、串、卷等方法,制造各种视觉形象。美术欣赏的教育内容主要是感受和欣赏美术作品、自然景物和生活中的美好事物,感受形式美和内容美,丰富审美经验。

音乐教育的内容主要有唱歌、韵律活动、打击乐演奏和音乐欣赏。唱歌的教育内容主要是学习唱歌活动的简单知识技能及其活动常规、唱歌活动的表现形式(如独唱、齐唱、合唱、表演唱等)以及歌曲的演唱。韵律活动的教育内容主要是学习韵律活动的知识技能及其活动常规、韵律动作(包括基本动作,如走、跑、跳、点头、弯腰、屈膝、击掌等;模仿动作如鸟飞、鱼游、刮风、下雨、花开、树长等;舞蹈动作)及各种组合、韵律活动的表现形式(如独舞、双人舞、集体舞等)。打击乐演奏的教育内容主要是学习打击乐演奏的知识技能(乐器演奏,如鼓、铃鼓、串铃、碰铃、三角铁、锣、木鱼等打击乐器的演奏,配器,指挥等)及其活动常规。音乐欣赏的教育内容主要是学习音乐欣赏的简单知识和技能、感受和欣赏音乐作品等。

幼儿园艺术教育是培养审美能力的启蒙教育,包括感受美、发现美和创造性地表现美。幼儿的美感多处于直观感受水平,具有形象性和功能性的特点,教师要用贴近幼儿生活的各种美好的人、事、物等,引导幼儿进行欣赏。在感受美的基础上,教师要通过艺术活动帮助幼儿发现美,并创造性地表现美。

幼儿园艺术教育应充分开发和利用各种自然资源,让幼儿在大自然中感受美、发现美,因为自然是艺术的源泉。艺术是幼儿自我表达表现的重要方式,幼儿艺术教育要给幼儿提供自由表现的机会,让幼儿表达自己的感受、已有的知识经验、情绪情感和意愿,以及自己的所见、所思、联想和想象等。在幼儿园艺术教育中,要面向全体幼儿,针对他们的不同特点和需要,让每个幼儿都得到美的熏陶。幼儿园艺术教育重在培养幼儿的创新能力和建构能力,而不是单纯模仿掌握艺术的技能技巧。

三、幼儿园艺术领域教育的指导

《幼儿园教育指导纲要(试行)》指出幼儿园艺术领域教育的指导要点是:

1. 艺术是实施美育的主要途径,应充分发挥艺术的情感教育功能,促进幼儿健全人格的形成。要避免仅仅重视表现技能或艺术活动的结果,而忽视幼儿在活动过程中的情感体验和态度的倾向。

2. 幼儿的创作过程和作品是他们表达自己的认识和情感的重要方式,应支持幼儿富有个性和创造性地表达,克服过分强调技能技巧和标准化要求的偏向。

3. 幼儿艺术活动的能力是在大胆表现的过程中逐渐发展起来的,教师的作用应主要在于激发幼儿感受美、表现美的情趣,丰富他们的审美经验,使之体验自由表达和创造的快乐。在此基础上,根据幼儿的发展状况和需要,对表现方式和技能技巧给予适时、适当的指导。

幼儿园艺术教育要以幼儿为本，强调幼儿的主动性，改变幼儿在艺术活动中的被动地位；强调艺术教育对幼儿的影响、对幼儿发展的促进作用，改变以往将艺术教育当成是技能训练的做法。在幼儿艺术活动中，教师要善于启发和引导，发挥指导作用，在激发幼儿感受美、表现美的情趣基础上，启迪和帮助幼儿，促使幼儿表达方式的不断创新。

幼儿园艺术教育可通过正规的艺术教育活动进行，也可通过与其他领域的结合进行渗透教育，因为艺术教育是各领域教育之间联系的纽带。

四、幼儿园美术活动“融情—创想—展现”教学法

（一）“融情—创想—展现”教学法的定义

“融情”即感受、体验，是指在美术教育中通过外在情境的创设，激发幼儿内在的情感体验和创造的欲望。“创想”即开放、想象，是指在美术教育中使幼儿释放自己的艺术个性，尊重幼儿对客观世界独特的甚至是怪异的想法，最大限度地开发幼儿的创造潜能。“展现”即个性、表现，是指在美术教育中鼓励幼儿大胆地表达自己的想法，求异创新，创造出与众不同的作品。

融情是创想的前提，创想是展现的基础，展现是融情和创想的结果，这是释放幼儿天性的过程。

（二）“融情—创想—展现”教学法的内容

1. 融情——融情激趣，以情染情

美国一位教育家说过：“创造行为不是凭空而来的，它要受到生活过程中积累起来的经验的影响。假如这一过程没有直观世界的滋润，它就无法成为个人进行创造性工作时可以借鉴的资料。”因此，教师在美术教育中应注重激发幼儿的感性经验，让他们置身于特定的情境之中，激发他们的兴趣，拓展他们的经验，鼓励他们创作出与众不同的作品。

2. 创想——引发创想，开放心灵

陶行知先生的“六大解放”的教育思想是教师培养幼儿创造力的理论指导。

教师需在美术教育中打破传统的教育观点，做到让幼儿敢想、敢做、敢创造。

3. **展现——展现个性，与众不同**

教师要多给幼儿动手的机会，让幼儿手脑并用，这是美术创新教育的必要途径。幼儿动手动脑、别出心裁地创作时，能感受到美术创作的乐趣，体验到成功的喜悦。

（三）“融情—创想—展现”教学法的原则

1. **兴趣性原则**

兴趣性原则，是指为了使幼儿感到美术活动饶有趣味，能积极热心地参加，教师教学要注意引起幼儿的学习兴趣，以调动他们的积极性。在美术教学过程中，教师要善于发现幼儿积极的表现，及时给予肯定和赞扬，巩固与发展幼儿对美术学习的兴趣。

教学活动中，教师以游戏的方式导入，能激起幼儿参与的兴趣。幼儿好动、好模仿，行为受情绪支配，尤其是小班幼儿。因此在活动中，教师首先要赋予幼儿适当的角色，运用游戏、故事等形式引题，以激发幼儿参与活动的兴趣。教师在教学活动中采用生动形象的语言也能激发幼儿参与活动的兴趣，使他们全身心地投入到活动中。

2. **审美性原则**

审美性原则是指教师在美术教学活动中，根据幼儿的审美心理特点，遵从美术学科的特性，引导孩子发现事物中蕴含的美，激发幼儿的审美激情，形成美的意向，使幼儿对美的发现和感受贯穿于观察、发现、创作的各个环节中。

美术活动的开展应根据幼儿审美发展的一般规律与特征，引导幼儿在活动中感知审美对象的审美特征。教师可以通过讲授、操作、体验等方式为幼儿创设获得审美经验、审美体验的机会。

3. **创造性原则**

创造性原则是指教师根据美术活动本身的特点，以及对幼儿创造潜能的认识，在美术活动过程中注重为幼儿营造创造的氛围，通过多种形式丰富幼儿表象经验，培养幼儿艺术创造的主动性。

教育者运用的教育手段和提供的教育环境要能诱导幼儿进入创造的过程。这就要求教师为幼儿创造一个宽松的心理环境，激发幼儿创造的意识和动机，重视幼儿富有个性的想法和提问，肯定幼儿想法的价值，不用成人固定的思维方式限制他们，敏锐地捕捉其创造性思维的闪光点，使幼儿主动地参与到活动中来，积极探索思考，发挥出自己的创造潜能。

4. 生活化原则

幼儿美术活动不应仅仅局限于美术课堂教育，幼儿一日生活中的环境创设、游戏活动、集体教学活动都是美术教育的课堂。在日常生活中的各个层面积极融入与挖掘美术教育，可以从不同的角度促进幼儿的情感、态度、能力和知识等方面的发展，帮助他们形成积极的个性特征和良好的心理品质，为他们的全面发展奠定良好的基础。所以，幼儿美术活动不应局限于美术课堂教学。教师应重视美术氛围的创设，在日常生活中积极融入美术教育，将美术活动与其他教学活动相结合。

（四）“融情—创想—展现”教学法的应用

1. 以艺术欣赏融情，提高审美

一个美的场景、一首动听的乐曲都会激发幼儿丰富的想象力。创造优美的教学环境和艺术氛围，可以让幼儿得到艺术的熏陶和感染，发挥美术教育的价值，提高幼儿审美能力。

教师可以在幼儿园的走廊立柱上悬挂世界名画，引导幼儿在进入教室时、午后散步时来欣赏；在班级教室的墙壁上也可展示创意绘画作品，让幼儿欣赏。另外，教师在组织绘画活动时可以有意识地进行艺术环境的创设。例如，美术活动“青花瓷”，活动前发动了家长搜集各种不同的青花瓷工艺品，精心布置在教室里。幼儿一进教室，马上被这些精美的艺术品吸引。这时，播放一曲《高山流水》，浓郁的艺术氛围使幼儿产生了创造的欲望，迫不及待地要创作更新更美的艺术作品。

2. 以绘本故事融情，产生共鸣

绘本多样化的表现手法和有趣的故事内容容易引起幼儿的共鸣，激发幼儿的创作兴趣。

首先，教师可利用绘本中不同的艺术表现形式引导幼儿欣赏，激发幼儿的绘画兴趣，让幼儿积累绘画经验。例如，教师让幼儿欣赏绘本《小羊和蝴蝶》，感受其中撕贴的自然淳朴；欣赏绘本《把月亮带回家》，感受水粉色抹画的厚重感与色彩的绚丽；欣赏绘本《小黑鱼》，感受印染的变化无穷；欣赏绘本《漏》，感受水墨黑白灰独有的艺术特色。

另外，教师还可利用绘本故事中的故事情节，引导幼儿感受理解作品，延续、拓展绘本故事的内容，为创想和创作艺术作品做好铺垫。例如，在绘本《爷爷一定有办法》的教学中，教师在引导幼儿感受爷爷将蓝色毯子进行奇妙变化的同时，可引导幼儿想象自己变化毯子的方法，想象绘本下方小老鼠一家发生的有趣故事；在绘本《我的连衣裙》的教学中，教师可引导幼儿感受小兔连衣裙到了哪里，哪里就会有变化的情节，想象连衣裙还会有哪些神奇变化。

3. 以生活体验融情，积累经验

幼儿园美术教育改革就要让幼儿走出教室，多接触自然，感受和欣赏生活中美丽的景色，让幼儿多听、多看、多感受，逐步拓展多种社会经验、生活经验、情感经验。

在"春天的花"活动中，教师带幼儿来到户外，走进社区花园，各种各样的花让幼儿欢喜不已；在"美丽的秋天"活动中，教师带幼儿走进公园观察枫叶，捡落叶，寻找秋色；在"鸟的世界"活动中，教师带幼儿参观"鸟语林"，观察不同的鸟；在"丰收了"活动中，教师带幼儿走进农贸市场，观察蔬果；在下雨的时候，教师带幼儿到马路上观察行人撑起的雨伞，欣赏雨中的世界；在下雪的时候，教师带幼儿接雪花、打雪仗、堆雪人、欣赏雪景。这些活动能够为幼儿的创作带来无限的素材。博物馆、美术馆、民俗文化馆，都可以成为教师和幼儿常去的地方，做糖画、捏面人等传统艺术也可以走进幼儿园。

4. 在巧妙设疑中创想

好奇心强、喜欢探究是孩子的天性，巧妙设疑能有效地激发孩子的活动兴趣。

教师可采用故事中设疑的方法，讲述一段故事或看一幅故事图片，引导幼儿想象故事结局。例如，故事画"小兔子为什么迟到了"的教学过程中，通过出示故事的开头小兔上学和结尾小兔迟到，引导幼儿大胆想象并说出小兔迟到的原因；通过让幼儿观察故事图片“大灰狼追赶小兔”，引导幼儿猜测故事的结局，使他们想象出各种不同的结局。

教师还可采用音乐中设疑的方法，播放情绪不同的乐曲，如《动物狂欢节》《海底圆舞曲》《小狗与口哨》，播放几种生活中的声音，如打碎玻璃声、小动物的叫声、掌声等，通过不同的声音，让孩子想象乐曲及声音背后发生的故事。

5. 在变形活动中创想

“给我一个支点，我就能撬起地球。”这是一句众所周知的名言。在美术活动中，通过一个点引发幼儿无穷的想象，发散幼儿思维，会让幼儿的创作丰富多彩、变化无穷。

在“变形”的活动中，教师为幼儿提供数字、字母、汉字、铁丝、生活用品等材料作为变形的素材，每种素材都能引发幼儿无限的想象。例如，字母“D”，幼儿便把它想象成桌子、乌龟、汉堡包等；小小的数字，幼儿把它变化成小桥、鹅、大树、蜗牛、人等；盒子、水果、布等生活用品更能引发幼儿的无穷想象。

6. 在欣赏美术作品中创想

中外大师的名作、丰富多彩的创意作品都能激发幼儿创作的灵感。教师要抓住每幅作品的特点，如作者的故事、作品的背景、表达的思想、色彩的运用、画面的布局、表现的手段等引导幼儿欣赏、理解、感受。这些艺术经验会潜移默化地丰富幼儿的艺术感觉，培养幼儿对艺术作品的欣赏能力，引发幼儿的创想。例如，幼儿欣赏毕加索的《梦》，在感受画中人物的梦境后，幼儿都开始大胆想象自己的梦；幼儿欣赏凡·高的《星月夜》，在欣赏宁静与狂野的画面、感受作者躁动与不安的情绪后，用不同的形式创作出《星月夜》。除此之外，幼儿还创作出点彩画《向日葵》、砂纸画《呐喊》、废旧材料粘贴画《蒙娜丽莎》，都能体现幼儿无限的创造力。

7. 在动手操作中展现

动手操作是促进幼儿创造力发展的一条重要途径。活动区活动、集体教育活动、户外活动都是动手操作的必要场所。在这些活动中教师为幼儿的美术创作提供了丰富的材料，自然物、生活用品、废旧材料都能激发幼儿求异创造，展现出与众不同的创意。

8. 在作品分享中展现

在作品创作完毕后,幼儿的创想其实只进行了一半,教师要引导幼儿大胆地将自己的作品介绍给大家。

教师可以引导幼儿为自己的作品起名字,从不同的名字中体现作品的与众不同;引导幼儿将自己的作品编成故事讲述给其他人听,从故事中体现出自己的情感体验及创作感受;还可请幼儿将自己作品中有创意的内容、作品的亮点介绍出来,在表达中发现自己与他人的奇思妙想,幼儿运用语言介绍作品的过程也是创造力再次迸发的过程。

9. 在环境创设中展现

环境是重要的教育资源,教师可通过幼儿园环境的创设和利用,为幼儿提供展示的平台。幼儿园楼面装饰、户外围栏、走廊墙壁、幼儿的衣帽柜、活动区中的展示墙都可展示幼儿的创意作品,真正把墙面环境创设的主动权交给孩子。儿童节幼儿画展、外出游记画展、个别幼儿画展等展出可使幼儿与众不同的作品得到充分展现,让幼儿体验创作与成功的快乐。

(五)“融情—创想—展现”教学法对教师的要求

“融情—创想—展现”教学法在实施的过程中,有利于发展幼儿的智力,有利于激发幼儿的兴趣,使其产生学习的内部动机,有利于培养幼儿回顾以往经验并迁移再造,发展幼儿的想象力,有利于提高幼儿的各种表达能力。使用“融情—创想—展现”教学法,教师应做到如下几点。

(1)教师要从内心热爱美术教学,对美术有一定的鉴赏能力,要不断提升自身美术素养。教师的美术能力直接影响艺术教育质量。

(2)教师要了解幼儿美术教育的真谛,不能将美术教育只局限在美术课中,要从范画、课堂中走出来,让幼儿的天性得到释放。

(3)教师应珍惜孩子的每一个创造火花,挖掘孩子的创造潜能,让美术活动真正成为孩子创造的乐园。

(4)幼儿美术能力的培养不能只依靠教师个人的力量,要有幼儿园大环境的支撑、领导的重视、家长资源的开发和利用,只有各方一齐努力才能使良好教学方法得以实施。

总之，幼儿美术教育不是单纯的技能训练，也不是为了把孩子培养成美术家，而是幼儿全面发展教育中不可缺少的一个有机组成部分。“融情—创想—展现”教学法指导下的幼儿美术教育会给幼儿以美的享受，陶冶其情操，将创想付之于实践，让幼儿大胆表达自己的内心情感，表现眼中的世界，从而给他们带来身心的愉悦和成功的自信。

第五章
幼儿园课程与游戏

看到“游戏”一词，便使人联想到儿童，因为儿童的游戏往往被人们看成“游戏的最纯粹的形式”。近年来，对儿童游戏的研究较多，但是，迄今为止，还没有一个被人们一致认同的游戏的定义，因为研究者观察问题的角度不同，造成了对“游戏”一词解释的多样性。

第一节　游戏的特点、类型及作用

幼儿期是游戏做得最多的年龄阶段，但那些幼儿在一起所做的事并非都可被看作游戏。我国学者普遍认为，游戏是一种具有内在动机的、儿童自由选择的、以过程为定向的快乐的行为，是儿童天生的活动。

一、游戏的特点

（一）游戏是愉快的活动

游戏具有愉悦性，微笑和欢乐经常伴随游戏，这是游戏最本质的特征。

游戏的愉悦性特征是在与严肃的工作所做的比较中揭示的，因为游戏摆脱了工作和正规学习的紧张和压力，在游戏中儿童身心放松，感受的主要是积极情感，伴随着欢笑的面部表情。

当然，游戏的愉悦性并不排斥游戏的严肃性。儿童在游戏中也会很专注，甚至连一点嬉戏打闹的情景也没有，如儿童在专心致志地从事搭积木的活动，脸部表情十分严肃。但是,儿童游戏时的严肃表现与工作性质的严肃性是有区别的。工作带来的是紧张与压力,以消极的情绪体验为主。而游戏中紧张、认真的严肃表现是自发的,是被愉快的后效支持的,如儿童搭建好一样东西后常常会有欢呼雀跃。总之,儿童在游戏中体验的是积极的情绪。

(二)游戏时无外部强加的目的

游戏的愉悦性特点是因为游戏不受外部强制目的的控制,是内在动机促动而导致的自我表现。因此,游戏具有无外部强加的目的的特点。

当一个孩子正在兴致勃勃地玩沙时,我们去问他"为什么要玩沙",当一个孩子正兴高采烈地玩滑滑梯时,我们问他"为什么滑滑梯",即当问儿童"为什么要玩"这一关于游戏的目的是什么的问题时,儿童的回答往往是"好玩""有意思""开心"等。可见,儿童的游戏是没有任何外部目的的,仅仅是为了好玩。如果活动中儿童无内在的动机,非自发的、自愿的,这种活动便不是游戏,更不用说愉悦性。

(三)游戏是自由的

游戏是儿童主动自愿的活动,不完全受控于活动的目的和结果,有灵活性与随意性。对儿童来说,玩什么,怎么玩,用什么玩,和谁一起玩,有着自由选择的权利。

但是,游戏虽然是儿童自由的活动,同时又是有规则约束的。游戏的自由的特征,是限制在一定的规范之内的,这种规范便是赋予游戏以规则,游戏的自由是建立在规则的基础上的。如规则游戏中的游戏规则对儿童游戏者来说,不具有外来的强迫性,是游戏者在理解的基础上自愿接受、自觉遵守的,因此,它是一种内部的自我限制。

(四)游戏是假想的活动

假想,即假装和想象。游戏通过想象进行,是脱离了真实情景的一种活动。比如玩下棋游戏、打牌游戏、踢球比赛的游戏,与下棋、打牌、踢球的真实比赛情景是不同的。又如儿童做得最多的角色游戏(戏剧游戏),很多都是通过想象进行的:在非饥饿的情景下,用替代物假装吃饭,在非睡眠的时间和空间里假装睡觉,把木马假想成真马来骑。

然而游戏不是空想,游戏中的想象是以客观世界为依据,是幼儿生活的写照,反映了幼儿的知识经验。

(五)游戏是已有知识技能的练习

游戏总是运用已有知识的技能,以操作所熟悉的材料而发展的。当一个儿童对某个物品完全是陌生的,对其性能、用法一无所知,自己完全没有某方面的操作能力时,是不可能在这种条件下游戏的,他必须先认识这个物品,了解其性能,学会操作它。

如玩娃娃家,儿童扮演妈妈的角色,不停地操作锅碗瓢盆,微波炉、电冰箱等;扮演医院的医生,用针筒打针,用听诊器听心跳,用X光片假装替病人拍片子。这说明儿童掌握了家庭生活用品及医院仪器、物品方面的知识经验与技能。

(六)游戏要求活动者的积极参与

一般认为游戏呈现出一种积极的活动状态,它是一种可以观察到的外显行为,特别是儿童游戏时总是兴致勃勃关注于游戏的动作,只有当人们在看到儿童外显的行为时,才能辨别儿童是否在游戏。

儿童在游戏中总是在不断地活动,并伴随着各种动作。若儿童不积极投入,便可判断儿童不是在进行游戏。

二、游戏的类型

我国习惯于将游戏分为创造性游戏和有规则游戏两种,其中创造性游戏包括角色游戏、结构游戏和表演游戏,有规则游戏包括智力游戏、音乐游戏和体育游戏。

(一)角色游戏

角色游戏是指幼儿借助模仿和想象,通过角色扮演创造性地反映周围现实生活的游戏,获得各种生活体验。幼儿在角色游戏中表现着幼儿熟悉的社会生活,模拟着各种人际关系,再现幼儿的社会视野。幼儿在模拟的环境中,在假设的情节中,以人代人,以物代物,满足着自己的各种愿望,宣泄着自己的各种情绪。例如,幼儿在娃娃家中满足着自己像爸爸一样上班的愿望,像妈妈一样照顾小宝宝的愿望,在各种角色区满足着自己的不同职业愿望,偶尔训斥一下怀中的布娃娃宣泄自己被训斥时的郁闷,有时当医生的幼儿也会像模像样地训斥“因为吃了过多糖而牙疼”的病人……角色游戏是幼儿心理发展的需要,在幼儿游戏中占据着重要位置,因此,心理学家称学前期为角色游戏期。

(二)结构游戏

结构游戏,又称“建筑游戏”,是“使用各种结构材料(如积木、积塑、沙石、泥、雪、金属材料等),通过想象和手的造型活动构造建筑物体的形象”。结构游戏从材料上看,是一种素材玩具游戏;从行为上看,是一种构造活动;从认知上看,是一种空间知觉和象征能力的体现。幼儿可以用积木搭建宝塔、小房子,用雪花片拼插各种小动物,可以用雪堆雪人或创建各种各样的卡通形象。复杂的世界在结构游戏中被幼儿抽离成框架,幼儿用简单的结构游戏来表现纷繁世界中的万事万物,其乐无穷。

(三)表演游戏

表演游戏是幼儿以儿童文学作品为主要内容,通过扮演角色,运用语言、动作、表情等表演技巧,再现文艺作品的内容或生活经验的一种游戏方式。幼儿在表演游戏中按照故事作品中的角色、对话、动作去扮演角色,丰富情节,再现作品的主题内容。例如,在表演游戏《小羊和狼》中,幼儿分别扮演善良弱小的小羊、凶狠的大灰狼和助人为乐的小花猫、小黄狗等形象。幼儿根据自己的理解,有的把狼扮演成凶狠的、粗野的形象,有的则演成阴险狡猾的形象,有的把小羊扮演成柔弱可怜的形象,有的则扮演成机智聪明的形象。在表演游戏中,幼儿是以自己的情感、动作、语言、语调再现他所扮演的角色,具有很强的主观性和创造性。

(四)智力游戏

智力游戏是根据一定的智育任务而设计的一种规则游戏,它以生动、新颖、有趣的游戏形式,使儿童在轻松愉快的活动中,认识事物、巩固知识、发展智力。根据智力游戏的任务,可将智力游戏分为:

第一,训练感官的游戏,如训练幼儿视觉的迷宫、“找不同”游戏,训练触觉的触摸辨物游戏、触摸分类游戏、触摸造型游戏等。

第二，练习记忆的游戏，如考验记忆力和观察力的"谁动了"游戏。

第三，发展想象、锻炼思维的游戏，如用水彩进行的吹画游戏，幼儿喜爱的猜谜语和脑筋急转弯游戏等。

第四，发展语言的游戏，如丰富多彩的配音游戏，词语接龙游戏等。

有趣的智力游戏能使幼儿产生愉快的情绪，提高幼儿学习的主动性、积极性，提高他们努力完成任务的坚持性以及思维的灵活性和敏捷性，有助于幼儿形成乐于动手、动脑的好习惯，促进智力的发展。智力游戏的完成一般要求幼儿善于与同伴合作，共同遵守游戏规则，完成游戏任务，有助于幼儿养成适当控制自己行为的良好习惯。

（五）音乐游戏

音乐游戏是指在歌曲或乐曲的伴奏下进行的一种规则游戏，具有音乐和动作相配合的特点。它是以发展幼儿的音乐能力即对音乐的感受力、记忆力、想象力、表现力以及节奏感为主要目的的游戏活动。音乐游戏有音乐，有情节，有角色，有动作，有规则，游戏的内容、角色、动作都要与音乐相符，它可以使幼儿在乐此不疲、喜闻乐见的玩耍中不知不觉地获得对音乐的感受和表现的能力，完成音乐教育的目标。幼儿园教师用他们的智慧开发出很多深受幼儿喜欢的音乐游戏，如司马光砸缸、狐狸去散步、按摩师、炒豆子、拍拍乐、七月火把节、套圈圈等。

（六）体育游戏

体育游戏也称运动性游戏或活动性游戏，是根据一定的体育任务设计的，由身体动作、情节、角色和规则组成的一种游戏，是幼儿体育活动的一种主要形式。体育游戏可以锻炼幼儿的身体，使幼儿获得良好的情绪体验，如丢手绢、螃蟹赛跑、老鼠逗猫、警察抓小偷、穿越风火线……这些都是深受幼儿喜欢的体育游戏。

三、游戏的作用

游戏不仅能给幼儿带来无限欢乐，对于幼儿还有着特殊的意义，游戏之于幼儿的学习具有根本上的意义。游戏活动是一种基于0—6岁幼儿内在需要的自发自主性活动，在幼儿园课程中占有十分重要的地位。游戏不仅是幼儿身心发展水平的反映，对促进幼儿身心发展也有重要的价值。游戏对于幼儿的发展所具有的功能已成为教育者的共识。

总体而言，游戏在幼儿发展中的作用主要有：

（一）游戏实现了幼儿运动能力的发展

游戏提供了幼儿多种多样形式的运动练习。幼儿在户外大型体育器具上进行的运动性游戏及利用各种小型体育器材进行的体育运动，锻炼了幼儿大肌肉群的运动技能，促进幼儿对于肌肉运动的控制和协调能力。而在室内进行的插塑、积木、穿珠、泥工、折纸、剪贴等各种结构造型游戏，则发展了幼儿手部的小肌肉群的运动能力和协调能力。

（二）游戏实现了幼儿认知能力的发展

游戏能促进幼儿的感知觉能力的发展。游戏中，幼儿充分运用自己的感官，利用自己的眼、耳、口、鼻、舌等器官，接触各种性质的物体，了解各种事物的特性，从而促进了感知能力的提高。

游戏能促进幼儿思维能力和问题解决能力的发展。游戏给幼儿提供了大量尝试的机会，使幼儿的思维处于积极的活跃状态。在游戏中幼儿会遇到各种各样的问题，通过分析、判断、推理等方法来解决问题、验证假设，从而提高了幼儿的思维能力。

（三）游戏促进了幼儿语言能力的发展

在游戏过程中，愉悦、宽松的氛围，保证了幼儿之间伙伴式的自由交流，为幼儿提供了语言感知与表达的环境。在游戏中幼儿练习了发音，强化了表达，丰富了词汇，理解了语义，从而促进了幼儿语言能力的提高。

（四）游戏促进了幼儿想象力的发展

幼儿喜欢想象，有着丰富的想象力，游戏中以物代物的联想、以人代人的角色扮演，以及游戏内容和情节的假想，使幼儿可不受常理约束，大胆进行想象，沉浸在自己的幻想世界里。因此，游戏有效地促进了幼儿想象力的提高。

（五）游戏实现了幼儿社会性的发展

游戏中幼儿结伴玩耍、互商互量，促成了儿童的社会交往关系，培养了幼儿的社会交往能力；游戏中幼儿扮演角色、学习社会行为规范，给幼儿提供了社会实践的机会；游戏中幼儿自由愉悦，没有心理压力，体验到了一种积极的情绪、情感。这一切，都有效地促进了幼儿社会性的发展。

第二节　游戏与幼儿园教学的结合

一、游戏与幼儿园教学结合的优势

将游戏和幼儿知识学习相联系、将游戏与幼儿园教学相结合的优势主要体现在以下方面。

（一）游戏中积极的情感，可促进儿童形成对知识学习的积极态度

游戏最重要的特征就是趣味性和愉悦性，微笑和欢笑经常伴随着游戏，微笑和欢笑的表现表明游戏发生了。当儿童将技能和知识整合进游戏活动时，愉快的情绪情感自然就会与知识领域的学习相连。因此，将游戏和课程教学相联系，可以促进儿童形成对学习的积极态度。

（二）游戏假想的特点，可提升知识学习对儿童的意义和重要性

在游戏的框架中，游戏事件被认为个人的意义超越了外在的现实性，即物体被赋予了新的象征性意义，它取代了物体原有的意义，儿童对物体进行了假想，因此，导致游戏行为与非游戏环境中的行为大不相同。

在具有非现实意义性质的假想游戏中，知识的学习活动对儿童来说有了不同一般的重要性，儿童在假想的游戏中，能学习运用和验证自己原有的知识。如在假想的飞机旅行的环境下，儿童画过的纸象征性地意味着机票。这一假想使儿童验证了对印刷品实际作用的认识：他画机票的行为表明他知道印刷的机票可与旅行等经验相连，表明他知道这一印刷上去的记号还可以为其他的人留

下可传递的信息。另外,在游戏中,飞机票的通用表明儿童所做的假想努力被其他的游戏者认可了。由此可见,游戏的假想成分使儿童的学习活动变得富有意义和具有重要性。

(三)游戏能营造心理安全的环境,使儿童愿意尝试新的或困难的事物

当儿童游戏时,他们的注意力集中于活动的本身、活动的过程,而不是活动的目标或结果上,即在游戏活动中,手段比结果更重要。因此,我们在游戏中常会看到这样的现象:儿童经常在用积木搭建完物体后,又会将它推倒;有时候儿童会在戏剧表演进行了一半时却突然放弃。

游戏这一注重过程而非结果的特点能为儿童营造低风险的、心理安全的环境,因为如果结果不重要的话,那么错误也就无关紧要了。在游戏中,儿童更愿意抓住机会,主动、积极地尝试做新的或困难的活动。如当儿童使用涂鸦线条的方法画飞机票时,他心中感到十分安全,不害怕犯错误,认为只要自己发明的印刷品能成功地在游戏中起作用,这就足够了。由此可见,与游戏相连的文字活动营造了心理安全的环境,具有促进儿童自发生成读写活动的优势。

(四)游戏能提供儿童广泛的学习机会

与传统的集体教学形式相比,建立在游戏基础上的学习活动具有给儿童提供学习各种不同技能和知识的广泛机会,这是将游戏与知识学习、课程教学相结合的另一大优势。

如在一个以读写活动为主的游戏中心,儿童进行学习的机会十分广泛,可包括字母的认识、单词的认识、字母与声音的关系认识、理解技能的学习、生成的读写活动、了解印刷的功能用处、了解印刷的概念等。另外,游戏也为儿童提供了多种方法去学习这些技能。以上学习结果和学习过程的广泛性,能确保所有儿童有机会以与自己的发展水平相适宜的方式来进行学习。

二、游戏和幼儿园教学关系的模式及实践表现

(一)游戏和幼儿园教学关系的模式

游戏是儿童自主的活动,教学是一种有目的、有计划的由教师对儿童施加影响的活动,它承担着文化传递的任务,更多的是教师发挥作用。游戏和教学的本质特征,决定了游戏和教学是学龄前儿童教育机构中两种不同的活动。但在具体课程实践中,游戏和教学有着密切的关系。如方案教学使用自由游戏、持久的探究等形式来让儿童进行课程的学习,使游戏成为课程学习的基础。方案教学充分说明了游戏可以产生课程,也说明了游戏和学习、游戏和教学都是密切相连的。

游戏和幼儿园教学之间的关系主要有以下几种模式:

1. 并列模式

即游戏和教学分开进行。教师既关注根据儿童的认知发展进行课程教学,同时关注儿童的自由游戏,并从儿童的自由游戏活动中得到课程教学内容的启发,作为后续教育教学活动安排的基础,这便是游戏和课程之间关系的一种并列模式。并列模式的课程教学活动与游戏活动之间有着密切的联系,教学是在游戏活动后安排的。

2. 融合模式

即儿童的自由游戏中融入了教师教育的成分。教师在儿童的自由游戏中作为一名教育的主导者,尝试来充分发挥游戏中教育的作用,如让儿童在教师指导基础上进行游戏中的自我发现,这是一种游戏和幼儿园教学之间的融合模式。

3. 分离模式

游戏和教学之间的分离模式是指儿童的游戏活动和教学活动是分开进行的,彼此之间不发生关系。如自由活动中,幼儿只进行娱乐性的游戏活动,教师不予以干涉,不试图进行任何具有教育性的游戏。

(二)游戏和幼儿园教学关系模式的实践表现

以上游戏和幼儿园教学之间的关系模式,在具体的幼儿园教育实践中并不是相互排斥的,而是相互补充、相互结合的,表现为不同的使用情况和使用方式。如许多教师和教育方案将游戏和教学关系的融合型模式和并列型模式结合起来使用。

例如,海伊斯科普课程模式在课程实施环节使用"计划—做—回忆"的活动,这种活动形式使儿童的游戏和学习循环进行,表现了游戏和教学之间的一种并列型模式。儿童事先想好并说出自己在自由游戏中要做的事情,即他们要玩的游戏,会使用什么游戏中心,然后儿童进行游戏,表现出计划好的预期行为,在这一过程中,儿童有充分的自由和余地来进行与发展相适宜的游戏活动。最后,儿童聚集在一起,简要叙述做过的游戏行为和事件,即在做游戏阶段后安排回忆阶段。通过这种形式的学习活动,儿童的计划能力、重构能力和交流技能可以得到培养和发展。

同时,这种循环往复的活动在儿童的自由游戏,即做的阶段,并不排斥教师对儿童游戏的指导和促进,并不排斥教师对儿童学习上的指导,表现为游戏和教学之间的融合型模式。

这里还有另一个融合型模式的例子,说明教师可运用儿童的游戏经验作为讨论和学习的基础,包括集体讨论游戏中出现的问题。有人曾建议,教师应该仔细观察儿童的自由游戏,并经常提出当天游戏中出现的新问题以引起幼儿的注意,进行小组的反思和讨论。例如,一个儿童可能会在使用操作一种玩具时出现问题,也可能在参与小组活动方面出现问题,或可能在画架上将画涂成棕色时发生问题,所有这些都值得讨论。一名教师要善于从游戏中发现可让儿童学习的教学内容。

总之,从以上几种课程模式的教育实践中,我们可以看到游戏在以许多方式促进和支持着儿童课程的学习,看到了游戏和课程教学之间的密切关系。

第六章
幼儿园课程与幼儿园教师

幼儿教师是指在幼儿教育机构中对0—6岁儿童施加教育影响的专职工作人员。幼儿教师与幼儿园课程有着天然的联系，是幼儿园课程实践的主体。在课程的整个发展过程中，幼儿教师需要时时做出决策，包括确定课程目标、选择与组织课程内容、实施课程及进行课程评价，其职业素养及专业水平直接影响着课程实施的成效。在当前的课程改革中，幼儿教师的主体地位引起了人们的广泛关注。人们认识到，即使幼儿园课程编制得再好，如果没有幼儿教师来落实，也难以实现促进幼儿发展的目标。因此，关注幼儿园课程，必须要关注幼儿园教师，关注他们的专业发展。

第一节　幼儿教师在课程改革中的地位和角色

一、教师与课程关系的演变历史

在课程改革历史中，课程与教师之间的关系经过了一个从分化到融合的变化过程。在传统的追求普适性和技术化课程程序设计的开发模式中，课程理论研究者和课程决策者们推崇这样的假设，即他们认同的理性课程文化、观念与教师的实践经验和理解度之间具有高度一致性。教师不过是一种“课程技师”或“技术熟练者”，其自身知识和经验无足轻重。因此，在20世纪以来多次变革的过程中，教师几乎都是处在课程改革的边缘。改革的屡次失败促使人们反思，教师的主体地位开始得到重视。

20世纪70年代以后,世界范围内的课程研究发生了两次“范式转换”:一次为20世纪70年代发生的从“开发范式”向“理解范式”的转换,另一次为20世纪80年代以后发生的从“课程研究”向“教师研究”的转换(佐藤学,2002)。教师的态度、体验和实践活动方式的调整不断受到关注,课程在“日常生活世界”中与教师的相互作用得以被重新思考,从而生发出课程改革和课程实施的新思维。从美国施瓦布的“教师应该成为课程探究者”的呼吁,到英国斯腾豪斯的“教师即研究者”的断言,从德国的“课程过程的教师中心组织模式”所倡导的教师应该“不断成为主体”的思想,到澳大利亚布莫所构想的“教师是协商者”的理念,无不阐释和证明了教师参与课程开发和设计的必要性和可能性。在这种大背景下,作为教师队伍中的重要组成部分的幼儿教师在课程改革中的参与、实施主体地位得到了前所未有的重视。

二、幼儿教师在课程改革中的角色定位

(一)倾听者和观察者

倾听与观察意味着赋予幼儿以价值,对他们及他们的语言、行为表示关注、重视、尊重和欣赏。教师的重要任务之一就是倾听与观察,倾听与观察并不只是对幼儿语言和行为的知觉和记忆,而且包括对其意义的建构和解释。

教师应该耐心倾听幼儿谈论的热点话题,及时捕捉幼儿的兴趣热点,观察、分析幼儿的探索需要,从而确立幼儿感兴趣的学习内容。教师应该注重一日活动中的倾听与观察,捕捉幼儿一瞬即逝的现象和变化过程,了解幼儿的个体差异,获得一手材料。如幼儿在户外活动时,教师观察到有名幼儿在草丛中发现了一条蚯蚓,并招呼同伴一起过来看,于是教师也凑过去听他们兴趣盎然地交谈,并根据幼儿的需要及时地为幼儿提供工具,开展了“挖蚯蚓”活动,还和幼儿一起讨论蚯蚓的各种特点,幼儿的需要在教师的及时调整中得到了满足。

教师可以通过倾听与观察发现来自幼儿已有经验的,来自幼儿生活的活动内容。这样的活动内容是幼儿有兴趣并随时可以感受到的,由此幼儿所表现出来的积极性和主动性是强烈而持续的,幼儿的潜能才可能得到真正的发挥。如幼儿在听完故事《花母鸡太太和它的两个蛋》后,对“蛋”产生了兴趣,于是教师鼓励和引导幼儿与家长一起收集各种不同的蛋:咸的、淡的、生的、熟的。教师

也为幼儿准备了皮蛋、泥蛋、鸡蛋、鸭蛋、鹌鹑蛋等。在"怎样区分熟蛋和生蛋"的活动中,幼儿通过操作来实验自己的方法,通过品尝蛋验证自己的判断,从而在充分感知与体验的过程中获得了相关的知识与经验。

(二)支持者、合作者、引导者

幼儿的学习是一种互动的、以某种相互关系为基础的社会建构过程。这种互动包含着智慧的激发与碰撞、经验的共享、情感的交流,互动双方都感受着来自对方的支持。在这样的互动中,教师身上所负载的社会文化,不是以由上至下的方式"倾泻或灌输"给幼儿,而是以一种哺育、一种滋润的方式自然而然地传递给幼儿。教师应该主动地参与到幼儿的探索之中,了解他们所使用的材料和方法,了解他们的设想,有效地掌握活动的进程。《幼儿园教育指导纲要(试行)》中明确指出:"教师应成为幼儿学习活动的支持者、合作者、引导者",便是对幼儿教师在课程改革中所扮演角色的集中说明。

要做好支持者、合作者、引导者,首先就要求教师尊重幼儿的人格和权利,让他们主动地进行学习。因此,教师应尽可能把期望幼儿学习的内容转化为幼儿自身的兴趣和需要,充分调动每个幼儿参与活动的主动性和积极性,让幼儿自由地、愉快地展现自己。

要做好支持者、合作者、引导者,教师还要提供机会让幼儿与教师轮流享有控制权,在教室里创设一个支持性的、以解决问题为导向的氛围。要在一日生活环节中通过多样的活动形式追随幼儿的兴趣,照顾到个别幼儿的具体需求,将幼儿引领至更高层次的发展目标。

要做好支持者、合作者、引导者,教师还要充分利用自身知识经验等方面的优势,关注幼儿兴趣的变化,关注幼儿参与活动的程度,帮助幼儿及时解决他们遇到的问题和困难。要学会从不同角度为幼儿提供学习的条件和资源。这些都需要教师在不断更新教育观念的前提下发挥创造性,同时也更需要教师不断学习,扩大视野,充实自身。

(三)创造者

幼儿时期是创造性与创造能力发展的最佳时期。因此,发展、培养儿童的创造性与创造力是学前教育的一个重要目标,而这首先要求幼儿园教师必须成为创造型教师。

其一,教师要相信自己能创新。陶行知说:“人人是创造之人。”对教师来说,要紧的事是把自己的创造力解放出来。

其二,要激发教师创新的意识。幼儿教师要共同参与,创设民主氛围,营造宽松、和谐的心理氛围,建立一个平等、尊重、友好与积极的心境状态,使自己的创造性思维进入一个自由驰骋的心理空间。

其三,教师要善于创设创新的环境。创新教育需要创设民主平等的氛围,这易于激发教师的创造力,使教师的生活充满情趣,工作也充满活力。

其四,享受创新的快乐。以游戏为切入口,抓住孩子的特长,充分发挥孩子的想象力与创造力。

其五,共同培育智慧火花。点拨幼儿创造的思路,激发幼儿创造的激情,创新从问题开始,敢于异想天开,精于新的组合,善于独辟蹊境,这也是“创造”的奥秘所在。

(四)学习者和研究者

新时期的幼儿教师应该更新自己原有的学习观念,树立起新的学习观。只有通过不断的学习和成长,根据儿童发展的需要充实自己的专业知识以及其他知识,才能实现自身的可持续性发展,成为学习型教师。

学习型教师首先必须具有终身学习的意识,把不断学习作为职业发展的源泉和动力,作为对自身职业的要求。其次,学习型教师应当将学习贯彻在教育实践中,在实践中学习,不断反思。再次,教师应尽可能充分地利用现代信息,不断扩大学习资源与学习空间,及时了解专业领域或其他领域的最新发展信息,并经常与其他教师、专家共同探讨教育过程中遇到的问题。

此外,教师要理解先进的教育理念与模式,取其精华,也需要具有一定的科研能力。教师进行科研可以促进自身的专业化发展,研究儿童心理以及行为问题并采取相应的教育措施,有归纳分析能力、综合创新能力。因此,要求教师还必须具备总结、撰写教育经验与科研论文的能力,成为研究型教师。

第二节　幼儿教师影响课程实施的专业品性

一、教师的课程意识

教师的课程意识是教师对课程系统的基本认识，是对课程设计与实施的基本反映。它支配着教师的教育理念、教育行为方式。在课程实施过程中教师以何种角色呈现在课程中，表现出什么样的课程行为，在一定程度上取决于教师的课程意识，并直接影响着教师的课程实施。在课程实施中，教师只有具备鲜明的课程意识，才不会将课程视为一个静止的、完全预设的、不能变更的“法定的教育要素”或“法定的知识”，也不会将教材看作是课程的全部内容或奉为“圣经”。而是以自己的教育知识和教育理解为根据，结合对象、环境变化及实际情况对预设的课程不断进行调适和“再生产”，即对课程目标具体化，对课程内容进行选择、增删、拓展，对课程内容的进程及时间进行微调和改变，对学习方式进行创造性设计，甚至对预设课程中的不合理方面进行批判，在批判的基础上重建课程。可见在课程实施中，教师以何种角色呈现在课程中，即教师是课程的“忠实执行者”还是课程的“创生者”，是“教教材”还是“用教材”，往往与教师课程意识的强弱和明确与否具有直接的关联性。因此教师的课程意识直接影响教师对课程的理解与解释，进而影响着教师的课程实施行为。

二、教师的课程实施取向

教师的课程实施取向是指对课程实施过程本质的不同认识以及支配这些认识的相应的课程价值观。教师的课程实施取向将导致明显不同的各种课程实施行为，从而产生不同的实施效果。忠实取向容易产生依据预定课程计划按部就班或被动“消费”的“消费者”；相互适应取向可激励积极、主动地“消费”预定课程计划，并根据实际情境不断去修正、改进；创生取向则有利于让教师成为课程的开发者、课程决策者，将预定课程计划作为课程开发的资源，并主动利用其他资源积极建构课程新体系。无疑，不同的实施取向将产生不同的实施行为,产生不同的结果。

三、教师的知识与技能

课程实施效果还与教师的知识、能力素养有着极为重要的关系。就知识方面而言,教师的知识一般包含三个方面,即教师的学科性知识、条件性知识和实践性知识。学科性知识指的是教师所具有的特定的学科知识,条件性知识指的是教师所具有的教育学、心理学方面的知识,实践性知识指的是教师在面临实际的课堂情境时所具有的课堂背景知识以及与之相关的知识。无疑,教师对课程的实施就是建立在他们所拥有的知识基础之上的。教师的知识是教师对课程进行理解与解释的前提,它决定着教师对课程的不同解读方式,影响着教师与幼儿之间沟通和对话的进行,从而决定着教师能否将课程提升至超越书面文本和材料的形式并给予其独立存在。就能力方面而言,教师应具有把握课程标准和教材的能力、课程组织与实施能力、课程评价与选择能力、课程设计与开发能力等。教师的能力决定着教师能否为幼儿提供探究和发现的真实情境,指导幼儿进行研究性学习、探究性学习;能否根据幼儿发展的需要,适时调节课堂教学内容和结构;能否引导幼儿充分利用各种资源,进行学习和探索;能否运用多样化方法和手段来组织教学、实施评价;能否对课程实施的各个范畴做出规划和安排,以改进课程功能等。可见教师的知识与技能是课程实施得以顺利进行的重要条件。

四、教师的幼儿观

幼儿观就是教师对教育对象的基本认识和根本态度。教师的幼儿观是在课程实施过程中发挥着重要影响作用的观念因素,也可以说它是一种实实在在的影响力量。当教师把幼儿仅作为认识的对象,把幼儿放在客体的位置上时,幼儿只是消极的知识的“容器”,是知识的被动接受者,课程及其教材便被看作是幼儿必须毫无保留地完全接受的对象,教师的课程实施过程便成为单向度的信息传递过程,教师所关心的只是如何有效地、可控制地进行知识的传授。当教师把幼儿看成是课程的主体时,就会视幼儿为课程的创造者和开发者、积极的知识建构者,在课程实施中就会视幼儿的现实生活和可能生活为课程的依据,关注幼儿的主体性和生活经验,重视发挥幼儿对课程的批判能力和建构能力的作用,并根据幼儿主体发展的要求,选择课程内容,处理课程内容,变革学习方式,从而充分发挥幼儿在课程实施中的能动性,引导幼儿在自身经验的基础上去学习。

第七章

幼儿园课程与幼儿的成长环境

第一节　幼儿成长的生态环境

一、布朗芬·布伦纳的生态环境系统

根据人类发展生态学家布朗芬·布伦纳对环境研究的视角,可以把环境分为既互相独立,又互相联系的四个系统:

(一)微观系统

它是指发展中的个体在特定的环境中对活动、角色及人际关系的体验范型。对幼儿来说,是指他们可以直接参与其中,并与之发生相互作用的环境。如在家庭或幼儿园环境(小至活动室或活动室中的区角活动区)中,他们所经历的活动、承担的角色以及建立的人际关系模式。

(二)中间系统

它是指两个或更多的直接环境之间的相互联系而构成的系统。对幼儿来说,主要指他们可以直接参与并与之发生关系的、更广泛的环境。这种环境系统会因幼儿进入新的环境而不断生成和扩展。

（三）外系统

它是指社区中，对个体积极参与的直接环境有影响的间接环境。对幼儿来说，主要指他们一般不能直接参与其中，但对他们的成长有影响的环境。如玩具工厂、大众传播媒介或其他社会群体机构（玩具租借店、图书馆等）和社会组织（妇联、各级教育机关和其他政府部门）等。

（四）宏观系统

它是指影响上述系统的一些共同因素，如社会的观念和思想体系等。对幼儿来说主要是指：家长的期望与态度，家长与教师的儿童观、教育观、价值观，幼儿园教育所规定的培养目标，其他社会群体、组织乃至邻里或整个社区的主流文化和亚文化等。

认识和理解幼儿环境的不同层次，可以帮助我们理解儿童成长的生态环境，有利于我们建立“大环境”“大教育”的观念，并在实践中从环境多样性、联系性的原则出发，正确协调好各种环境间的关系，充分发挥环境在儿童发展中的综合优势。

二、幼儿生存发展的生态环境分类

根据幼儿环境中构成内容的特质性差异，我们通常把幼儿的环境分为物质环境和精神环境两大类。

（一）物质环境

幼儿的物质环境由自然物质环境和社会物质环境两部分构成。

1. 自然物质环境

幼儿的自然物质环境是指他们生活于其中的各种自然条件的总和，其构成要素都是不依赖于人的意识而存在，并能被人的意识所反映的客观实在。如空气、阳光、水、矿物质、动植物、微生物等。

幼儿拥有的自然物质环境会因地域或生存空间的不同而有差异。其生态条件的质量将直接影响到他们的成长，例如，有些地区气温高、空气湿度大，或气温低、空气稀薄，都会对生活在该地区的儿童的生长和发育带来一定的不利影响。有些地区饮用水中缺乏人体生长必需的微量元素，不仅危害儿童的身体健康，而且还影响儿童的智力发育。

自然生态环境始终处于一种脆弱的动态平衡状态之中。废物、废气、废水、噪声、过度地使用农药和开采自然资源，人为的战争因素，等等，都有可能破坏这种平衡。其后果，轻则足以降低人类的生活质量和健康水平，重则威胁人类的安全和生存。这对于发育不全、抵抗力差、适应能力相对薄弱的幼儿来说，影响更大。另外，自然生态环境中的众多物质要素，又都是幼儿展开认识活动、进行情感交流活动（如儿童会对小树或小鸟说话）的对象，或是教育活动赖以展开的最基本的资源来源。因此，维护自然生态环境的平衡，趋利避害，是人类长远的利益和方针，也是造福于后代的一件大事。

2. 社会物质环境

幼儿的社会物质环境不同于自然物质环境。这是因为，构成这种环境的物质，是一个社会中的技术水平、可得资源和人们需求（包括幼儿的需求）相结合的产物。如儿童房（活动室）、儿童玩具、儿童书籍、儿童服装或其他用品等。社会学上把这些物质称为“文化”的物质形态，即“物质文化”。因此，幼儿的社会物质环境实际上是一种“社会物质文化环境”。

社会物质文化环境的质量对幼儿身心发展的影响是巨大的。譬如，许多家长曾抱怨住宅楼层太高、面积太小制约了孩子的活动。实质上，他们已经意识到孩子的生存空间影响了孩子的生长发育和身心健康。国内外许多知名学者从构成社会特质文化环境的一些基本要素着手研究，也大多印证了这种观点。例如，儿童的活动室是儿童在幼儿园中生活、游戏和学习的最基本的社会物质条件。史密斯和科纳利在给出“拥挤状态”的操作定义后，以空间密度（对不变的人数减少空间量，可增加密度；反之，则减少密度）和社会行为做变量，进行实验研究，结果发现：当活动室中儿童平均占地面积从 25 平方英尺（约 2.32 平方米）降为 15 平方英尺（约 1.39 平方米）时，儿童的攻击性行为明显增加。他们的研究还进一步证实，当活动室中活动材料的数量减少时，也会使儿童在活动中的攻击性行为增加。

由此可见，研究对幼儿的教育，必须重视和研究物质文化环境的创设和利用。

(二)精神环境

美国社会学家公帕克斯在其《城市社会学》一书中做过这样的阐述:“文化,作为人群的一种社会遗产,既是指这一文化的具体发祥地,又是针对一种比较恒久且不是变动不定的社会环境而言的。”也就是说,社会环境实质上是一种社会文化环境。社会文化除了社会物质文化外,其余的,则都是社会精神文化。因此,所谓幼儿的精神环境,是指由社会精神文化的诸要素及其联系所构成的环境,亦可称之为幼儿的“社会精神文化环境”,是一个多层次的、复杂的系统。

1. 素质文化(亚文化)环境

素质文化环境是指社会生活中,人们所持有的,或正在形成的态度、风气、观念、行为方式等因素及其相互影响而构成的环境。这种环境一方面受社会政治、经济、文化的影响,另一方面又有特定的地域文化的特征。这是因为,在社会一定的地域范围内,民风、民俗文化、价值观念、宗教信仰、伦理道德以及群体的儿童观、教育观等都会有所差异。素质文化环境的差异,影响到人们对幼儿教育价值的认识,也直接影响到人们对幼儿的培养目标、教育内容和教育方式等问题的看法。

2. 制度文化(主流文化)环境

制度文化环境是指由具有结构制度的社会群体或组织必须具有的态度、风气、观念、行为方式等因素及其相互影响而构成的环境。这种环境一方面受社会现有政治、经济特征的影响,另一方面又受到该社会历史沿革和文化遗产的影响。

制度文化环境主要表现在一个国家的政治制度、经济制度、文化教育制度、社会公德(包括职业道德)、民族传统、社会法律制度、社会科技等诸多方面。它直接影响到对幼儿进行教育的性质、体制和目标,也影响到对幼儿进行教育的内容、手段、途径和方法。

3. 心理社会环境

心理社会环境是从属于上述两类环境的一个子环境,主要是指与幼儿有关的人际关系及其精神氛围。如家庭人际关系,幼儿园中的师师关系、师幼关系,家庭与邻里成员的关系,家庭与幼儿园之间家长与教师的关系,等等。

心理社会环境对幼儿的发展也有较大的影响。例如,家长与教师的关系会影响教师对儿童教育的态度,等等。

上述多种环境相互影响、有机联系,构成了一个对幼儿产生影响的社会精神文化环境系统;同时,它又同社会物质文化环境一起,构成了“社会文化环境”。社会文化环境具有教育活动赖以展开的取之不尽的教育资源,且社会文化生活又是幼儿心理发展的主要源泉。正如戴维·波普诺所说的那样:“文化为人类提供了适应各种自然环境的能力,但是文化本身也就成为人类环境中的一种力量,这种文化环境无论从范围还是影响力上都变得和自然环境一样重要……”

对幼儿赖以生存的环境类型的逻辑分析,有助于我们理解环境与人的发展休戚相关,有助于我们在对幼儿进行教育的实践活动中,坚持“两条腿”走路的方针,既重视物质环境的创设,又重视精神环境的创设。同时,也有助于我们在思想上确立大自然、大社会就是儿童的生活、就是儿童的课程这一教育理念。

第二节　幼儿喜欢的环境

幼儿身心发展有其自身的特点,也常常表现出自身的主体性。尤其是到了幼儿期,随着他们独立和自律能力的提高,在对环境选择和评价时,往往会有自己的标准,并表现出明显的倾向性和不同的参与其中的热情。一般说来,幼儿喜欢的环境主要包括以下几种。

一、新奇的环境

外部的世界对幼儿来说太陌生,也有太多的“未知”,因而“好奇”“好问”“想知道”“想了解”几乎成了儿童的天性。尤其是幼儿,当他们具备了“探索”外部客观世界的能力后,“想看看”“想听听”“想摸摸”“想闻闻”“想玩玩”等探究心态,几乎成为每一个孩子的特征。

然而,当他们面临的环境在心理上已失去“陌生”和“新鲜”的意义时,这种环境就难以引发他们继续“探究”和认识的兴趣。原因可能是多方面的,譬如,环境刺激太单调、枯燥,或者环境刺激已难以形成(或难以解决)认知需要和认识能力间的"心理矛盾",等等。

因此,幼儿特别喜欢新鲜、奇特、经常变化的环境。这种环境不仅能满足儿童的好奇心,而且能更好地激发他们参与环境的热情,并使他们在环境中不断地吸收新知,促进心理的发展。

二、可操作的环境

好动是幼儿的天性。譬如,婴儿期的儿童就有许多"手舞足蹈"的身体活动,而且随着年龄的增长,这种活动从形式到内容都变得越来越多样和丰富。从逻辑上分析,这种活动不仅在其身体发育的最快速的时期,满足了身体发育的需要,而且还实现了他们心理发展的需要。因为他们正是通过这样的活动来接触、了解和认识环境,甚至改变环境,并从中发展自己的经验及发现自我的。

喜欢活动的儿童,并不满足于"欣赏"环境,而是"操作"环境,甚至"破坏"环境,使自己成为环境中最活跃的因素。随着幼儿年龄的增长,他们不仅喜欢可供操作的环境,而且更喜欢合作操作的环境。

三、虚拟的环境

随着幼儿年龄的增长,到 2 岁左右,想象等新的心理活动开始出现,并随着言语的发展和表象经验的丰富,逐渐发展起来,于是"好模仿"成为他们心理发展的一大特征,游戏亦逐渐成为他们的主导活动。他们通过模仿去参与和"改造"环境,并通过游戏中想象的、虚拟性的活动去摆脱现实环境的束缚。

事实上,虚拟环境的真正心理价值还在于:随着幼儿掌握及运用实物活动的技能和独立性的提高,他们与成人之间的协同活动关系开始瓦解,社会性模仿和参与社会的要求变得越来越强烈,但角色矛盾十分突出,出现了诸多不能立即满足的需要和愿望。最终,这些需要和愿望大多只有通过在虚拟环境中的想象活动来满足,因而虚拟环境便成为儿童喜欢并乐于参与其中的环境。

四、可知的环境

对幼儿来说,环境的意义并不局限于满足他们“好奇”“好动”“好模仿”的心理需求。随着年龄的增长和自我意识的发展,他们的“求知欲”“成就感”变得越来越强烈,且希望自己具有“驾驭”环境和获得成功的能力,并从中得到成人的好评和认可。这时,环境是否可知,对他们来说显得尤为重要。可知的环境是相对于幼儿“已知”或“不能知”的环境而言的。它是一种对幼儿的心理具有一定“挑战性”的环境。解决这种环境中的问题,需要儿童依靠原有的经验和知识,但又高于原有的经验和知识,因而需要儿童通过自己的努力才能成功。儿童并不喜欢已知的、过于熟悉的环境,也不喜欢“不能知”的环境,而是喜欢通过自己的努力能获得成功喜悦的环境。

五、自然的环境

崇尚和回归自然是人类的天性,幼儿也不例外。因此,他们在具有自然色彩的环境中活动,往往会乐此不疲,流连忘返。树木、小草、花朵、各种各样的小动物,如蚂蚁、蚂蚱等,都会成为他们认识和倾诉情感的对象,而流水、泥土、沙石等亦都会成为他们“辛勤”劳作的材料和工具。

六、富有情感的环境

幼儿是一个富有情感的主体,它既有满足自身情感的需要,也有表达自己情感的需要。因此,他们非常喜欢富有情感的环境。

儿童从五六个月开始,就表现出“怯生”现象。他们害怕生人,害怕不熟的地方,也害怕突发事件,如家中发出的突然响声等。心理学研究还表明,随着幼儿年龄的增长,害怕并不因此而降低,只是害怕的对象或情境发生改变或转移而已。

害怕的真正原因是儿童在心理上缺乏安全感。这种现象在儿童环境发生转移或环境中的事件发生改变时最易发生。例如,儿童从熟悉的家庭环境来到陌生的托儿所(或幼儿园)环境时,面对全新的环境和生活,许多儿童在心理上往往会产生一种恐慌和不安全感。再如，婴儿在家庭环境中，从吸乳到断乳，虽然环境本身并没有多大的改变，但环境中事件的改变，使婴儿在断乳期也经常表现出情绪的烦躁和不安。因此，儿童喜欢的、富有情感的环境首先是一种在心理上能够获得安全的环境。富有情感的环境还应该是一种富含“人情味”的环境。在这种环境中，儿童可以获得诸如爱、平等、尊重等需要的满足，并常受到鼓励和表扬，而不是指责和批评。

从幼儿身心发展的特点和需求这一逻辑层面来认识和理解幼儿喜欢的环境，对我们思考如何去创设良好的教育环境，具有重大的指导意义。

第三节　创设有利于幼儿成长的教育环境

一、自在环境与教育环境

幼儿的环境是一种自在的环境，它对幼儿身心发展的影响，既有有利影响又有不利影响。而幼儿的教育环境是一种按一定目的重组的环境，只要组织得合理，其影响作用总是以促进幼儿的身心发展为最后归宿的。

在幼儿的自在环境中，构成环境的主体要素始终是儿童自身。环境中的其他条件，无论是物的要素，还是人的要素，都是客体。然而，在幼儿的教育环境中，人的要素有“施教者”和“受教者”之分，因而主体和客体不是固定不变的，而是发生变化的。当儿童作为“受教者”成为活动的主体时，则“施教者”及教育的其他客观条件便是活动的客体；而当“施教者”成为教育的主体时，则儿童及教育的其他客观条件便是教育的客体。

幼儿的自在环境在逻辑上可划分为自然物质环境和社会文化环境两大类。幼儿的教育环境虽然离不开自然物质环境，但主要指社会文化环境。

幼儿的自在环境和教育环境又是相互联系、相互影响的。教育环境离不开自在环境，有时候，甚至是完全建立在自在环境基础之上的。譬如，家庭教育环境和家庭环境就体现了这种关系。教育环境在一定条件下，有时也会转化为自在环境。例如，幼儿园的游戏环境理应是一种教育环境，但在幼儿游戏时，教师对幼儿游戏的过程采取放任自流的态度，缺乏必要的组织、指导和帮助，则这种游戏教育环境实质上已经是幼儿游戏的一种自在环境。总的来说,幼儿的教育环境是幼儿环境中极其重要的组成部分。因为对儿童来说,发展要环境,但环境并不等于发展,儿童的发展离不开教育及与教育相适应的良好环境。正如维果茨基所说:儿童的发展是在社会环境和成人的教育影响下逐渐转化的过程,教育与发展处于复杂的动态的制约关系之中。教育的作用在于创造“最近发展区”,教育就是变“最近发展区”为现有发展区,促进儿童的成熟和发展。

因此,将幼儿的教育环境从幼儿的环境中分离出来分析,具有重大的意义。

二、教育活动与教育环境

从广义概念上理解,凡是以幼儿为对象所展开的教育活动都可以称为幼儿的教育活动。这些教育活动大致可以分为两种类型:一类指由儿童的法定监护人、养护人或其他亲属所承担的幼儿家庭教育活动,这类教育活动具有非定时性、个别性、随意性、偶然性和无定规性等特点。另一类指由社会群众团体、组织,社会文化机构或专门性教育机构对幼儿所实施的社会教育活动。

上述两类活动,彼此并不是割裂的。社会教育活动会渗透到家庭教育中去并影响家庭教育,而家庭教育也会影响社会教育,甚至成为社会教育的“范型”,且家庭教育也时常共享社会教育的众多教育资源。因此,幼儿的家庭教育活动与社会教育活动是相互联系、相互影响的,从逻辑上分析,家庭是社会的“细胞”,家庭教育本身就是社会教育的一个方面。

在复杂的社会教育系统中,由专门的学前教育机构(在我国主要指托儿所和幼儿园)对幼儿所实施的教育,以其独有的专业性(指教育由专职学前教育工作者承担,在专门教育场所进行,且教育是有目的、有计划、有组织的),显示出自身独特的优势,成为幼儿社会教育的核心,并在整个教育系统中发挥着极其重要的导向作用和辐射作用,促进各种学前教育形式相互沟通,汇成强大的教育合力。

基于上述分析,可以这样认为:对幼儿所实施的教育,从静态的角度来看,主要是指幼儿的家庭教育及幼儿的托儿所教育和幼儿园教育,两者共同肩负着教育幼儿的任务,但后者在整个幼儿的教育系统中具有独特的作用。

教育活动总是在一定的环境中进行的。与上述教育活动的主要类型相对应,幼儿的教育环境主要是指,幼儿的家庭教育环境幼儿的托儿所教育环境和幼儿园教育环境。这里主要分析幼儿园教育环境。

三、幼儿园教育环境

幼儿园教育环境是指维系幼儿在园活动的一切外部条件的总和。按照不同的分类依据,我们可以把幼儿园教育环境分为多种类型。

例如,按照幼儿在园一日活动的主要类型来分,幼儿园教育环境可分为生活活动环境、游戏活动环境和学习(作业)活动环境等。如果将幼儿的活动再具体化,则幼儿园环境可划分为若干种更微观的环境,如游戏活动的环境可分为户外游戏活动的环境和户内游戏活动的环境。两者还可以细分:如前者还可分为玩沙玩水区环境、小型多样的体育活动区环境、大型器械运动区环境,等等;后者又可以分为角色游戏区环境、表演游戏区环境、结构游戏区环境、认知活动区(如阅读区、数学区、科学区、音乐区、美术区等)环境,等等。

再如,按照幼儿园的地域空间特征来分,可将幼儿园教育环境分为幼儿园的内部教育环境和幼儿园的外部教育环境。

(一)幼儿园内部教育环境

幼儿园的内部教育环境是指幼儿园内幼儿能够直接参与其中,并能直接体验到的一切物质的或非物质条件的总和。它是直接支持或影响幼儿在园活动的重要条件,也是直接影响和制约幼儿园教育活动质量的重要因素。

1. 幼儿园的自然物质环境

幼儿园的自然物质环境是指幼儿园中各种自然条件的总和。按理说,这是幼儿园的一种自在环境。之所以把它作为幼儿园内部教育环境的构成部分,是因为:从宏观来看,幼儿园的一切环境本身都是教育环境;从微观来看,幼儿园自然物质环境的质量直接影响到幼儿的身心健康,幼儿园自然物质环境的诸多构成要素,如花草、树林等,都是幼儿园教育活动可以直接利用的教育资源。

2. 幼儿园的物质文化环境

幼儿园的物质文化环境主要由幼儿园的活动室、户外活动场地、各种设备和活动材料、空间结构与环境布置等要素构成。它与幼儿园的自然物质环境一起构成了幼儿园的物质条件与基础。幼儿园物质文化环境的空间形式及其构成诸要素的数量和质量,直接影响和制约着幼儿在园活动的形式、内容和质量。如场地较小,将直接制约幼儿活动的空间范围;游戏材料缺乏,则很难开展以幼儿自选材料为形式的自主性游戏;等等。为此,在国家教委颁布实施的《幼儿园工作规程》中,对幼儿园的园舍、设备等物质条件也提出了最低限度的要求。

3. 幼儿园的精神文化环境

幼儿园的精神文化环境远比物质文化环境来得复杂。对幼儿园教育活动有重大影响的精神文化环境主要有以下相互联系的三种类型。

一是幼儿园的素质文化环境。所谓素质文化是指幼儿园工作人员实际上已拥有或正在拥有的信念、价值观、态度和行为方式等。如幼儿园教师头脑中拥有的儿童教育观、师生关系观、道德观;幼儿园的园风、教风和工作作风;等等。由这些因素构成的环境就是幼儿园的素质文化环境。

二是幼儿园的制度文化环境。所谓制度文化是指幼儿园工作人员(或幼儿园)必须具有的信念、价值观、态度和行为方式等。这些文化一般以书面或口头正式宣布的方式明确规定下来。如国家教育政策法规中规定的师德修养、儿童观、教育观、幼儿园的培养目标,或由幼儿园根据国家的政策法规所制定的一系列规章制度等。由这些因素所构成的环境就是幼儿园的制度文化环境。

幼儿园的素质文化环境和制度文化环境是相互联系、相互影响的。当幼儿园的素质文化与幼儿园的制度文化“同质”时,区别两种环境已毫无意义。实际上在幼儿园中,这两种文化环境往往是并存的。

三是幼儿园的心理环境。幼儿园的心理环境是从属于上述两类并受上述两类环境所支配的一种精神环境。它主要是指与幼儿有关的人际关系及其性质。这种环境质量直接影响到幼儿园教育活动的心理氛围及幼儿参与活动的主动性和积极性,影响到幼儿园教育活动的质量和幼儿的身心健康。

4. 幼儿园内部教育环境的构成要素分析

如果把幼儿园内部教育环境称为一个系统,则这一系统是由几个或若干个相互联系的子系统所构成的。各个子系统又是由几种或若干种相互联系的因子所构成的。由此分析,构成幼儿园内部教育环境的要素亦必然是多种多样的。

然后，根据这些要素的性质来划分，构成幼儿园内部教育环境的要素不外乎是"物"和"人"，且各自在环境及教育中有着不同的作用和地位。

物的要素是构成幼儿园内部教育环境的物质基础，是幼儿园教育所必需的物质条件，它是影响幼儿在园活动及教育质量的重要因素，但不是决定性因素。

人的要素是构成幼儿园内部教育环境的文化基础，人的素质及其活动是决定幼儿园内部教育环境质量的关键因素。

（二）幼儿园的外部教育环境

幼儿园的外部教育环境是指幼儿园之外、对幼儿园的内部教育环境有影响的一切外部条件或因素的总和。这种环境存在于幼儿园所处的地域之外，且对幼儿来说，有些是可以参与其中的，有些是不能参与其中的。但不管怎样，它总以各种各样的途径或形式，影响幼儿在园的活动，也影响幼儿在园受教育的质量。

例如，家庭教育环境是幼儿可以直接参与的幼儿园外部教育环境之一。幼儿从家庭到幼儿园，或从幼儿园回到家庭，这种环境的自然转换，使家庭教育环境成为幼儿园内部教育环境的直接的影响源（实际上是相互影响）。其作用或是增强幼儿园内部教育环境的力量，共同促进幼儿的健康成长和发展，或是削弱幼儿园内部教育环境的力量，阻碍幼儿的健康成长和发展。

再如，社区的物质资源环境有些也是幼儿可以直接参与的幼儿园外部教育环境（如草坪、公共游乐场所等）。这些教育环境作为幼儿园内部教育资源的补充和延伸，对于丰富幼儿的活动内容，提高幼儿园的教育质量，都具有十分重要的意义。

另外，幼儿园所处社区的精神文化特征（如价值观念、育儿观念、民俗民风、文化水平、社会地位等），国家的政治制度、文化制度、教育政策等等，作为构成社会精神文化环境的诸多要素（同时也是构成幼儿园外部教育环境的要素），直接或间接地影响幼儿园内部教育环境中的诸因素，如教师的儿童观、教育观，教师的职业道德、工作密度、同事关系、师幼关系，幼儿园的培养目标，等等，并由此影响幼儿在园的活动，影响幼儿园教育活动的质量。

第四节　幼儿与教育环境的相互作用

一、幼儿园教育环境对幼儿发展的作用

关于幼儿园教育环境对幼儿发展的作用，若从逻辑或本质（如环境作用的机制等）上来认识，还有待于理论工作者去深入研究和挖掘。这里，主要谈谈幼儿园教育环境对幼儿发展的最基本的作用。

（一）陶冶和启迪作用

这是环境的最基本的自在功能。幼儿园教育环境是一种特殊的、经过筛选和控制的环境，经过“去伪存真”“弃恶存善”“化丑为美”的工作，其绿化、美化、净化、儿童化和教育化的特征，有利于净化幼儿的心灵、陶冶幼儿的情操，也有利于启发幼儿的认知，启迪幼儿的智慧，并引导和激励幼儿去实践、去探索、去思考。

在幼儿园里我们经常可以看到这样的情境：一个在家里不爱听故事的孩子，虽然老师没有刻意要求他去听教师讲故事，但有时他也会认真去听。原因是他觉得其他人都在认真听，他也应该认真听。这种表面上是“自律”的行为，实质上是来源于对环境的“共鸣”，是环境所发生的“陶冶”作用。再如，“自然角”和“动物饲养角”是大多数幼儿园都有的教育环境。许多幼儿常常会受自身好奇心的驱使，自由地进入这样的环境，去观察植物的生长和变化，观察小动物的一举一动，而且在观察后经常会向教师提出这样或那样的问题。可见，在幼儿的观察活动中，环境的启迪作用可以表现在幼儿知、情、意、行的各个方面，且时常表现出激励作用。例如，在游戏环境中，某个幼儿的某个行为，受到了教师的赞许和表扬，而另一个幼儿的某个错误行为受到了教师的批评和指责。游戏环境中的这一事件，不仅会对其他幼儿（或某些幼儿）具有情感上的“触动”，而且会使这些幼儿明白在游戏中哪些行为是可以发生的，哪些行为是不能发生的（即使教师没有专门教育），在以后类似的游戏环境中，这些幼儿往往会克制那些不良行为，而积极地表现受教师欢迎的行为，并希望从中亦得到教师的认可

和赞同。

环境的陶冶和启迪作用是非常巨大的,甚至有时会超过教师单纯的“说教”和“说服”。因此,教师应充分认识到它的重要性,并把这种作用运用到环境创设和教育中去。

(二)限制和导向作用

这是环境的最重要的教育功能。幼儿园的某些环境或环境中的某些因素对幼儿的行为、情感等诸多方面有明确的限制作用。例如,幼儿园中,按国家的法规要求所制定的“幼儿生活制度与常规要求”,作为幼儿园制度文化环境中以时间为维度而规定的幼儿一日生活的各种活动(包括活动的类型、活动的秩序、活动的时间等)及要求,约定了幼儿在什么时间应该展开什么活动,以及使幼儿知道在活动中应该做什么、不应该做什么,哪些是被认可和可以发生的行为、哪些是不受欢迎和不能发生的行为。

有些“限制”来源于在他律基础上的自律。例如,具有集体游戏经验的孩子,即使在家里总是以自我为中心,但在幼儿园集体游戏环境中,他会控制“自我”,努力和其他小朋友一起玩,不抢夺和霸占玩具。原因是他知道他必须这样做,他必须自我“限制”某些行为的发生。如果不这样做有可能受到老师的批评,或受到同伴的指责。但“限制”不是目的,而是利用环境的功能进行教育的一种手段或方法。它一方面体现了教育环境具有“可控性”和蕴含“教育性”的特点,另一方面又体现了任何环境的创设都是具有目的的。因此,“限制”是为了环境目标的达成和教育目标的顺利实现。例如,在幼儿园建立合理、科学的“幼儿生活制度与常规要求”,是以此为手段,来帮助幼儿了解和熟悉生活制度和生活规律,增强他们对环境和生活的安全感,帮助他们在合理的生活和活动条件下,更好地生存和发展,促进身心健康。同时,也是为了帮助他们更好地适应和认同幼儿园环境,更好地在集体环境中和其他同伴共同生活、游戏和学习。由此可见,“限制”并不是过分要求孩子“循规蹈矩”,更不是对孩子的“压制”。

另外,幼儿园教育环境作为一种专门的、特殊的环境,在创设时应始终保持环境目标和教育目标具有高度的一致性。因此,教育环境本身和教育目标一样,规定和诱导了幼儿发展的方向,即对幼儿的发展具有明确的导向作用。例如,良好的言语环境,有利于发展幼儿的言语;良好的运动环境,有利于发展幼儿的动作和技能;成功的环境,有利于发展幼儿的自信;艰苦的环境,有利于磨炼幼儿的意志;表演的环境,有利于发挥幼儿的创造;等等。

(三)平衡和补偿作用

有时候环境的创设并不直接指向目标,而是指向幼儿的需要。幼儿的需要是多方面的,也是不断变化、发展的,但这些需要与幼儿所面对的现实(既指环境的客观存在,亦指幼儿实际具有的知识、经验和能力)会发生矛盾,从而导致幼儿的心态具有某种不平衡(由需要不能满足所致),甚至影响幼儿的发展。这时候,就需要教师利用环境的平衡和补偿功能来帮助幼儿解决心理上的矛盾冲突。

例如,幼儿时常会有参与成人社会活动的需要,但其所处的现实环境和实际具有的能力,并不能直接满足他的这种需要。这时,如果教师能在幼儿园中设置一些虚拟社会活动的环境(如角色游戏环境),就能利用环境的功能,帮助孩子满足他的需要,弥补其心灵的缺憾,平衡其矛盾的心态。同时,也可利用这些环境发展幼儿对社会的认知,增强幼儿的社会情感,帮助幼儿习得更多的社会交往技能,促进他们社会性的发展。

平衡和补偿的另一个功能是“改良”。在孩子成长的过程中,由于不良环境的影响,时常会形成一些不良的行为和习惯。这些不良的行为和习惯一旦出现在集体生活中,往往会备受同伴(甚至是教师)的批评和指责,从而导致幼儿心理上的矛盾和失衡。

总之,幼儿园教育环境在促进幼儿发展方面的作用是多种多样的,且这些作用就单个环境而言,也不是相互孤立的。因此,幼儿园教师应充分利用环境的这种功能和优势来促进幼儿的发展,同时,也应充分地认识到,环境的这些功能和作用并不是“自在的”,而是需要教师去创造、去挖掘的。

二、幼儿对幼儿园教育环境的影响

(一)幼儿是构成幼儿园教育环境的因素

在谈到幼儿作为个体发展时,我们时常把幼儿作为发展的主体,或受教育的主体,而把幼儿园教育环境看作是促进幼儿发展的客体,或教育客体。实质上,就幼儿园整个教育环境而言,幼儿也是构成幼儿园教育环境的一大因素,而且幼儿的身心发展特点，幼儿的个性和行为，也会影响教育环境的性质。

例如，以自我为中心并时常有攻击性行为的幼儿，在其参与的幼儿园游戏环境中，容易导致同伴间人际关系紧张，并造成同伴心理环境的不安全感。

再如，在教学环境中，一些不守纪律、自控能力差的孩子，时常会干扰其他同伴的学习，甚至影响教师的教学过程。如果教师对这种现象不加以重视，则会影响教学的质量。因此，教师在创设环境时，千万不能忽视“幼儿”这一因素。

（二）幼儿在选择、利用幼儿园教育环境时总表现出自身的主体性

对教师设置的环境，幼儿在活动时会表现出“选择”或“不选择”的态度，即使选择了，也时常会表现出“人在曹营心在汉”的现象，不积极参与，或干脆不参与。在自选游戏环境中，幼儿又总会按自己的需要、兴趣和想法去选择乐意参与的游戏环境，并自由选择游戏的内容和玩法等等。这些，都是幼儿主体性的表现。

对这一问题的阐述，心理学家勒温有其独到的见解。他有一个著名的行为公式：

$$B=f(PE)$$

称行为(B)是人(P)和环境(E)的函数，并强调指出：环境之所以与行为和发展有关，并不因为它的客观存在，而是因为它反映在人的头脑中。

关于如何进入人脑，勒温认为，每个人都拥有在遗传基础上建筑和发展起来的“个体心理环境”。这种环境具有基于本能基础上的潜在机能，一旦与外界生态环境发生交互关系，这种机能便能得到发挥。幼儿的心理环境具有如下主要特点和功能：

1. 幼儿的心理环境受自然、社会两种环境诸因素的影响。

2. 幼儿的心理环境，对环境中的诸因素具有选择功能。主要表现为在相同的教育环境中，不同的幼儿，其心理环境中可能会有不同的内容。如，幼儿甲和幼儿乙各自以对方为心理内容物，而幼儿丙的心理内容物是“玩具”。按照勒温的观点，这种不同的选择一方面与外界刺激物特点和幼儿理解等因素有关，另一方面与幼儿心理发展的水平、心理结构的特点及其机能的性质有关。

3. 被选择的诸因素会成为影响幼儿身心发展的因素和内容，而不被选择的因素会成为心理环境的“外缘物”，但有可能是潜在的“影响物”。

4. 无论被选择的因素，还是未被选择的因素，其影响作用都有可能是“两

极”的,即被选择的因素不一定都是有利因素,而未被选择的因素也不一定都是不利因素。

上面的分析,至少给我们两点启示:

首先,幼儿对环境的选择性,正表明了幼儿并不是被动接受环境影响的,而是主动的、积极的、个性化的。这也正是幼儿主体性的真实表现。

其次,幼儿对环境的选择,往往表现出较低的目的性水平,乃至带有盲目性,这对幼儿的成长和发展是极为不利的。因此,教师在创设教育环境时应尽量排除不利因素,在利用环境时应充分发挥自身的调控作用,将发挥幼儿的主体性与教师自身的主导作用有机地结合起来。

(三)幼儿是在自身积极的活动中来接受环境影响的,并通过活动去影响环境

活动,是幼儿和环境之间的一座“桥梁”,即活动是幼儿作用于环境的一个中介,而环境的影响又是通过幼儿积极、主动的活动来实现的。离开了幼儿的活动,最好的环境都会失去意义。同时,幼儿在活动中也给环境以不同程度的影响。认识活动的重要性,一方面有利于教师在环境及其活动中确立幼儿的主体地位,另一方面也有利于教师认识到通过环境来引发幼儿多种活动的重要性。因为对幼儿的发展来说,具备良好的环境十分重要,但在良好环境中能主动地活动,能有表现能力的机会和条件更重要。

第五节　重视幼儿教育的心理环境

幼儿对自身心理环境的体验与感受,直接影响着幼儿对幼儿园及幼儿园教师的情感和态度,也影响着幼儿在园生活和活动的质量及幼儿的身心健康和发展。可以想象,一个缺乏“爱”的体验的孩子,他(她)们无法去爱幼儿园、爱老师,也无法心情舒畅地去生活和活动。结果不仅会影响孩子的身体和心理健康,而且会阻碍孩子的发展。因此,为幼儿创设一个良好的心理环境,具有十分重要的意义。

创设良好心理环境的关键,是要求教师都具有良好的素质,并在此基础上,教师与幼儿具有良好的师生关系。由于教师是班级人际关系的核心,因此建立

良好的师生关系,教师应注意以下几个方面的问题。

一、尊重满足幼儿的合理需要

这些需要主要包括:最基本的生理和情感需要,交往和活动的需要,平等和受人尊重的需要,成功和自信的需要,等等。需要是情感的纽带,满足幼儿的合理需要是建立良好师生关系的基础。

二、积极主动地与幼儿平等交往

幼儿具有独立的人格,他有交往与追求平等交往的需要。交往是人与人之间情感沟通的最直接、最有效的方式。因此,为建立良好的师生关系,教师应采取积极的态度,通过多种渠道(利用一日生活的各个环节)、采用多种方式(集体的、小组的、个别的;言语的或非言语的;等等)与幼儿交往,但交往的总要求是:态度和蔼可亲,关系自由平等,谈话中多肯定、多鼓励,但又实事求是。切忌态度生硬冷漠,姿态居高临下,谈话中多发号施令、多否定批评,甚至讽刺、嘲笑、挖苦,等等。善于采用协商、讨论和建议的方式与幼儿交谈,能倾听和接受幼儿合理的建议,但又不失教师的威信。

三、正确评价心理环境

直接评价幼儿的心理环境比较复杂,因为心理环境是“隐形”的,看不见也摸不着,加上幼儿由于年龄较小,有时很难言表自己真正的心理感受,这更增加了直接评价的难度。因此,采用间接评价的手段和方法,如评价教师的儿童观、教育观、师生观等,评价教师与幼儿交往的态度和行为,评价后加以综合考查,其评价要点是:

(一)教师能否满足幼儿的合理需要;

(二)教师能否与幼儿积极地交往;

(三)教师能否平等对待每一个幼儿;

(四)教师能否尊重和保护幼儿的权利;

(五)教师能否一贯提供适合幼儿的活动,并在活动中调动他们的积极性、主动性和创造性；

（六）教师能否经常为幼儿提供表现能力的机会和条件，并使幼儿体验成功的乐趣；

（七）教师是否经常关心、体贴幼儿，并时常表现出鼓励和支持（如微笑、倾听、身体接触等）；

（八）教师能否帮助孩子建立良好的同伴关系；

（九）教师是否具有恐吓、威胁、体罚或变相体罚幼儿的言语和行为；

（十）教师能否在幼儿面前树立表率。

幼儿园精神文化环境的创设作为幼儿园的“软件”系统，远比幼儿园的“硬件”（物质环境系统的创设）来得复杂而重要，因此，必须引起幼儿园领导和教职工的高度重视，并从自我做起，从提高自我素质做起，努力为幼儿提供一个良好的幼儿园的精神文化环境。

四、生活制度和常规要求是心理环境的重要组成部分

（一）生活制度

“生活制度”是对幼儿在园一日生活的各种活动的时间与顺序的安排和规定。它以时间为序，约定了在某一时间内幼儿在园活动的相对空间位置，并规定了在这一空间中被允许和被认可的行为。

生活制度的建立无论对幼儿还是对教师都有十分重大的意义。就教师而言，有利于新教师很快熟悉幼儿在园的一日生活环节，并有序地、步调一致地合作开展各项工作等。就幼儿而言，生活制度的建立，有利于入园新生较快地体验到幼儿园一天的生活的规律性，增加对生活的安全感和适应性，有利于保证幼儿在幼儿园内能有规律地生活和活动，培养幼儿良好的生活习惯和活动习惯。良好的、合理的生活制度，还有利于为幼儿建立科学的作息制度（指符合科学的生活秩序），促进幼儿良好地生长发育，有利于培养幼儿的时空观念，等等。

评价“生活制度”是否合理的基本标准是：

1. 生活制度是否能依据人体生理活动及高级神经系统活动的特点和规律，并根据幼儿身心发展的一般特征和现实状况，体现“动静交替”“劳逸结合”。例如，考虑到幼儿的身心发育特点，那么在安排生活制度时，应保证幼儿在园必

须有足够的睡眠时间;但也不能因为幼儿睡眠的重要性,而任意减少幼儿活动,尤其是幼儿户外活动的时间,否则会影响幼儿的生长发育和发展。比如,缺少户外活动的孩子(尤其是寄宿在园的孩子)由于缺少阳光中紫外线的照射,维生素 D 的合成受阻,影响孩子体内对钙的吸收,从而导致缺钙,严重的还会发生"佝偻病"。

2. 生活制度能否科学、合理地执行,并在执行过程中,安排合理的和丰富多彩的活动内容。生活制度的建立不能成为"一纸空文",否则就失去了其应有的意义,但在执行过程中,必须根据生活制度的要求,安排活动并加强教师的指导。例如,有的幼儿园制定了形式上比较完备的生活制度,而且也在"按部就班"地执行,但在执行某些活动环节时,未按要求安排活动,或活动内容贫乏、枯燥,教师缺乏指导(尤其在游戏活动时),这样来执行生活制度就与制定生活制度的宗旨背道而驰,也使生活制度失去了真正的意义。

3. 生活制度的执行能否体现灵活性。生活制度一旦建立,就有较强的稳定性,但它不是一成不变的。在具体操作时,应体现其灵活性。首先,生活制度在不同季节执行时,要做适当的调整。例如,夏季可适当延长午睡时间,冬季日照时间短,为保证活动时间,可适当缩短午睡时间。其次,在执行时,要做到全面管理与个别照顾相结合,考虑到幼儿的个别需要和个别差异。比如,有的幼儿身体不适,则可根据幼儿的需要,适当调整幼儿的饮食时间(包括调整饮食结构)和睡眠时间。最后,幼儿园具有教育和福利双重性质,其福利性也体现在能帮助家长解除工作的后顾之忧。因此,生活制度应具有"弹性",照顾幼儿家长上下班的时间,尤其是当有些家长接孩子的时间不在生活制度规定的范围之内时,不能不耐烦。当然,前提条件是,家长的行为不应妨碍孩子在幼儿园的活动。

(二)常规要求

常规要求是指幼儿在园一日生活的各种活动中应该遵守的基本行为准则。考查常规要求的意义,有利于改正幼儿的不良习惯,使幼儿较好地适应集体生活。制定一些活动中的常规要求,并让幼儿明确这些要求,能使幼儿在活动中逐步改掉不良习惯,习得伙伴互动的一些经验,知道在集体中应如何活动,如何与人相处,等等,从而帮助幼儿较好地适应幼儿园集体生活,并从中获得安全感。制定活动中的一些常规要求,有利于幼儿根据常规要求,加强自律,而且当这些常规要求一旦内化为幼儿自身的素质,能够自觉遵守执行时,就必然有利于提高教师班级管理的效益,使各项活动能顺利地进行。

评价"常规要求"是否合理的基本标准是:

1. 常规要求是否符合幼儿的年龄特点。针对幼儿制定的常规要求应符合幼儿的年龄特点,过高的要求,幼儿不能做到,过低的要求,不利于幼儿的活动和发展;同样,用一个标准去要求不同时期的孩子,也是不合理的,因为孩子是变化的、发展的。

2. 常规要求的制定是否符合本班幼儿的特点,同一个年龄班的常规要求不一定适应每一个班级,因此,教师在制定各年龄班的常规要求时,应密切联系本班幼儿的实际情况。

3. 常规要求是否有目的、有计划、有步骤地加以实施。

一般来说,常规要求的落实,应遵循以下原则:

第一,优先原则。其含义是班上普遍存在,或大多数幼儿存在的问题,优先解决;即时发生的问题优先解决(随机教育)。

第二,由少到多原则。即规则的提出应由少至多,逐步提高要求。例如小班幼儿刚入园,如果规则过多,不仅难以落实,甚至会使幼儿害怕上幼儿园(因约束过多)。在一个活动中提出过多的要求,有时反而会制约幼儿活动的积极性。

第三,由易到难的原则。即常规的教育应该由易到难逐步落实。例如,要使小班儿童"高高兴兴上幼儿园"最终成为小班幼儿自觉遵守的常规,开始时不妨要求幼儿"能较快地安定情绪,并乐意参加集体活动",在此基础上,逐步提高要求,最终达到教育目的。由易到难原则也称"由近及远"原则,即常规教育应坚持将"近期目标"与"远期(终极)目标"有机结合,逐步实现。

4. 常规要求的落实是否体现"活动化"和"正面教育"的原则。

活动化原则,即活动中要求达到的常规要求应在活动中实现。有的教师想通过"说教""说服"的方式来进行,结果往往是事倍功半,达不到理想的教育效果。事实上,要使幼儿知道常规,并在活动的行为中落实或体现常规要求,最好的方法是,在活动前由师生共同来制定常规(当然要求和常规教育的目标一致),或在活动中,教师根据幼儿活动时发生的不合常规的行为,组织幼儿讨论分析,帮助他们重新认识和理解规则的意义和要求。

5. 常规要求是否一视同仁,一贯一致。常规要求应坚持一视同仁原则,如果对一部分幼儿“严”，一部分幼儿“松”，则很难达到教育目的，且这种教育也不是平等的教育。另外，常规要求也应坚持一贯一致原则，即教育要前后一致，不同教师一致，并争取家长配合，做到家园一致。当然，在具体实施教育时，也应根据幼儿的个别差异，允许某些幼儿掌握得慢一些，以贯彻因人施教、区别对待的原则。

第八章
幼儿园课程案例精选

第一节　我去幼儿园

设计意图

小班幼儿刚上幼儿园，情绪不稳定，对幼儿园和班里的老师、小朋友都很陌生，为此我们设计了“我去幼儿园”这一单元活动，让幼儿认识同伴和老师，能高高兴兴地上幼儿园，愿意和大家一起玩，并通过观察、参观，认识本班主要物品及设施，激发幼儿喜欢幼儿园、愿意上幼儿园的情感。

一、认识老师和小朋友

课程目标

认识同伴和老师，愿意和大家一起玩，并能说出个别同伴的名字，喜欢听老师说话，能高高兴兴上幼儿园，能用欢快的声音演唱歌曲，激发幼儿热爱幼儿园的情感。

课前准备

录音机，钢琴，布娃娃。

课程内容

1. 介绍本班老师。

2. 组织幼儿讨论、了解老师的工作。

3. 引导幼儿尊敬老师,信任老师,有事找老师帮忙。

4. 介绍幼儿园、班级名称。

5. 幼儿分别站立做自我介绍。

6. 学习歌曲《我上幼儿园》。

(1)出示布娃娃,让幼儿抱一抱,亲一亲。

(2)布娃娃上幼儿园了,她在幼儿园跟着老师唱歌、做游戏,多快活呀!

(3)老师扮布娃娃表演示范唱。

(4)老师带领幼儿随音乐节奏朗诵歌词。

(5)老师带领幼儿学唱歌曲两至三遍。

7. 部分幼儿上台表演,其余小朋友边欣赏边拍手打节奏。

8. 幼儿随音乐旋律完整演唱歌曲。

日常活动

1. 欣赏舞蹈《我爱老师的目光》,增进师生之间的感情。

2. 利用听读训练,欣赏儿歌《老师本领大》。

二、开开心心去幼儿园

课程目标

1. 通过听故事,养成认真倾听的习惯。

2. 学习词汇:笑眯眯、摇摇摆摆。

课前准备

桌面教具,人手一张纸,油画棒。

课程内容

1. 教师边出示教具边讲故事。

2. 教师逐一出示教具并提问。

3. 小结:小白兔、小鸭子、小花猫脸上都笑眯眯的,她们高高兴兴上幼儿园,真是好孩子,你们也是高高兴兴上幼儿园的好孩子,对吗?

4. 谈话导入。

(1)小朋友在上幼儿园的时候看到些什么?

(2)那老师现在要请小朋友把你看到的都讲出来。

5. 鼓励幼儿大胆讲述。

日常活动

利用听读训练,欣赏儿歌《上幼儿园》《幼儿园里真快乐》,使幼儿感受上幼儿园的快乐。

三、高高兴兴来吃饭

课程目标

养成乐意在幼儿园就餐的习惯,初步懂得情绪愉快地进餐对健康有益。

课前准备

木偶小鸭、小鸡各一只,户外场地。

课程内容

1. 木偶表演《小鸡小鸭高高兴兴做游戏》,激发幼儿兴趣。

2. 木偶表演《小鸡小鸭高高兴兴来吃饭》。使幼儿了解高高兴兴地吃饭,身体长得结实、健康。

3. 鼓励幼儿进行表演。

4。学习儿歌《大老虎》,激励幼儿自己吃饭、多吃饭。

四、安静地午睡

课程目标

愿意在幼儿园午睡,初步学习整理自己的衣服、鞋子。

课前准备

布娃娃一个。

课程内容

1. 娃娃自述:"我每天起得很早,上午做了许多事情:拍皮球,做早操,听故事,搭积木……吃过午饭,我要睡午觉了。我先脱衣服,再脱鞋子、裤子,两只鞋子整齐地放在床前,躺到床上我就闭眼睛睡觉。"

2. 明确午睡前的动作顺序,先干什么,再做什么。

3. 小结:教育幼儿午睡要按老师的要求做。

延伸活动

1. 每天午睡都要比一比谁先睡好,并帮个别能力差的幼儿达到要求,帮助的时候应以鼓励的口吻,语调要亲切,声音要轻,树立他们的自信心,认真达到要求。

2. 利用听读训练欣赏儿歌,让幼儿学会安静午睡。

五、美丽的幼儿园

课程目标

1. 认识本班主要物品和设施,知道它们的名称和用处,能将自己的物品放到相应的地方，逐步养成管理自己物品的好习惯。

2. 参观幼儿园，知道幼儿园有许多班级、许多设施。

课前准备

幼儿物品分配好，贴好标签。

课程内容

1. 认识本班主要物品及主要设施，知道它们的名称和用处。

(1) 让幼儿熟悉班内供幼儿放置自己物品的箱（柜、其他设备）和毛巾、茶杯标记。

(2) 请幼儿找标记，按标记拿放自己的物品。

2. 参观幼儿园。

(1) 带领幼儿参观教学楼，让幼儿熟悉幼儿园环境。

(2) 带领幼儿参观生态园，观察动植物。

(3) 带领幼儿到游乐城玩一玩。

(4) 谈话：你们喜欢幼儿园吗？你们看到了什么？最喜欢哪里？

日常活动

带幼儿参观幼儿园其他部门，如厨房、保健室、图书室、科学发现室等，让幼儿进一步了解幼儿园的环境，激发幼儿上幼儿园的愿望。

第二节　认识我自己

设计意图

在参观幼儿园时，小朋友们对哈哈镜特别感兴趣，在哈哈镜前有说有笑，做动作、做鬼脸，千姿百态，各不相同。根据孩子们的这一兴趣，设计了这一节，让幼儿对自己有进一步的了解，满足小朋友的好奇心。

一、我是男孩/女孩

课程目标

1. 区分男孩、女孩的明显外貌特征，知道自己是男(女)孩。

2. 培养幼儿对自己性别的认同感。

课前准备

男孩、女孩图片和各类发型、衣服。

课程内容

1. 区分男孩、女孩图片，请幼儿讨论：他们谁是男孩，谁是女孩？你从哪里看出来的？（服饰、发型）

2. 出示图片(服饰、发型)：哪些是女孩的，哪些是男孩的？（分别给女孩、男孩打扮）

3. 学习儿歌《男孩和女孩》。

日常活动

1. 分男孩组、女孩组洗手，进一步巩固幼儿对自己性别的认识。

2. 通过音乐游戏《找朋友》，发展幼儿交往能力。

二、我会哭和笑

课程目标

1. 知道哭和笑是不同的情绪表现，学会自我调节。

2. 感受并表现歌曲的情绪，唱准切分音，用有表情的歌声、有节奏的身体动作加以表现。

课程内容

1. 出示小朋友笑眯眯的图片，引导幼儿讨论：小朋友为什么笑？你什么时候笑？让幼儿表现各种不同的笑。

2. 出示小朋友哭的图片，引导幼儿讨论：小朋友为什么哭？你哭过吗？为什么？

3. 观看木偶洋洋表演《我不哭》。

4. 讨论：洋洋遇到什么事？他有没有哭？他是怎么做的？

5. 请幼儿讲讲洋洋是个什么样的孩子，引导幼儿向洋洋学习。

6. 学唱歌曲《表情歌》。

三、认识五官

课程目标

引导幼儿认识五官，知道五官的作用，养成良好的清洁卫生习惯。

课前准备

五官图片。

课程内容

1. 请幼儿找自己的好朋友互相摸摸头和脸，说说摸到了什么，在什么地方。

2. 请幼儿听口令指点自己的五官。

3. 请幼儿讨论五官的作用，知道要保护五官，不随便抠鼻孔、揉眼睛、掏耳朵，不将异物塞进口、鼻、耳。

4. 游戏：点五官。教师说五官名称，幼儿迅速用手指点住。

5. 贴五官。

日常活动

通过音乐活动《小手拍拍》巩固对五官的认识。

第三节　我爱我的家

设计意图

孩子们在幼儿园的大家庭中享受集体生活的快乐。在交谈中，有的孩子说："我妈妈喜欢我，什么东西都给我吃。"也有的孩子说："爸爸喂我吃饭，爸爸真好。"设计本节，旨在让孩子们体验父母的辛苦，能为父母做点力所能及的事情。

一、家庭树

课程目标

1. 了解自己与家中成员之间的关系。
2. 能为父母做一些力所能及的事情。

课前准备

1. 卡片、照片。
2. 黑板上画着放大的家庭树。

课程内容

1. 认识小白兔一家及家庭树。

(1)出示小白兔,问:这是谁? 你们猜猜看,小白兔的家里还有谁?

(2)建构“家庭树”。家庭树上面有两个格子,下面有一个格子,小白兔一家该怎样摆?

(3)幼儿摆放小白兔家的照片。

2. 摆放自己的家庭成员的照片。

出示幼儿家人照片及汉字卡,幼儿摆放照片。

3. 让幼儿回忆父母爱自己的行为,鼓励幼儿为父母做事情。

4. 游戏:我帮妈妈做事情。

游戏反复2~3次,幼儿可做不同的事情。

二、小鸭找家

课程目标

初步了解故事内容,学会说出爸爸妈妈的名字,记住自己的家在哪里,熟悉居住的环境。

课前准备

背景图,各种动物图片。

课程内容

1. 看图片,听故事。

2. 借助故事背景和动物图片,进一步熟悉故事。

3. 提问:帮助幼儿理解故事内容。

(1)故事的名字叫什么?

(2)故事里讲到了哪些小动物?

(3)小鸭子为什么哭?

(4)最后小鸭子找到家了吗?

4. 玩游戏:小鸭找家。

(1)幼儿扮演迷路的小鸭,教师扮演询问者。

(2)放音乐《迷路的小花鸭》,引导幼儿随着音乐做各种小鸭的动作。

(3)教师停在哪位幼儿前,幼儿应说出自己爸爸、妈妈的名字。

5. 讨论:刚才小鸭迷路了,有许多小动物来帮助它,那么我们小朋友迷路了,该怎么办呢?

引导幼儿说出自己的家在哪里及家里的电话号码。

6. 教育幼儿外出时要跟着大人,不随便乱跑。

第四节　可爱的动植物

设计意图

时值初春季节,春暖花开,池塘边黑黝黝的小蝌蚪快活地游来游去,吸引了孩子们的眼光。花草树木竞相比美,迎接春天的到来。让幼儿细心观察身边可爱的动植物,认识我们生存的自然环境,有利于培养幼儿的观察力和爱心。

一、小蝌蚪

课程目标

1. 通过饲养小蝌蚪,观察了解小蝌蚪的生长过程和外形特征。
2. 能用简单的语言和动作表现小蝌蚪的动态。
3. 学习用手指点画小蝌蚪。

课前准备

1. 饲养区里放养一些小蝌蚪，让幼儿随时进行观察。

2. 绘画用纸，水粉颜料。

课程内容

1. 出示饲养的小蝌蚪，引导幼儿观察认识。

教师：小朋友，请你们看看这是什么？它们在做什么？

2. 引导观察小蝌蚪的主要特征。

(1)提问：小蝌蚪的身体是什么形状？它游来游去时小尾巴怎样？小蝌蚪是什么颜色的？它生活在什么地方？

(2)引导幼儿总结小蝌蚪的主要特征，让不同水平的幼儿都有发言机会。

3. 欣赏诗歌《小蝌蚪》。

4. 引导幼儿用手指印画小蝌蚪。

(1)教师：你们喜欢这些小蝌蚪吗？今天，我们就来画一些小蝌蚪。

(2)教师范画：用手指蘸黑色颜料点画纸上，再轻轻提起向后一拉，一只小蝌蚪就画好了。

(3)幼儿操作：教师提出操作要求，鼓励幼儿大胆点画。画出朝着不同方向的小蝌蚪。

5. 结束活动，展示幼儿作品。

二、小蝌蚪找妈妈

课程目标

1. 倾听故事，了解小蝌蚪的生长过程。

2. 进行情境表演，学习小动物之间的对话。

3. 鼓励幼儿积极参与音乐游戏活动，感受游戏的快乐。

课前准备

鹅妈妈、鱼妈妈、龟妈妈、小蝌蚪胸饰。

课程内容

1. 引导幼儿讨论、回忆小蝌蚪的外形特征。

教师：昨天，我们观察了小蝌蚪，谁来讲讲小蝌蚪长的是什么样的？它生活在哪里？长大了会变成什么样？

幼儿讨论回答，教师小结。

2. 引导幼儿倾听故事《小蝌蚪找妈妈》。

（1）教师：我们每个人都有自己的妈妈。小蝌蚪也有妈妈，可是它们没见到过妈妈，想妈妈了，你们知道它们的妈妈是谁吗？（幼儿讨论回答）今天，老师就讲一个关于小蝌蚪找妈妈的故事给你们听。

（2）教师声情并茂地讲述故事。

（3）按故事情节提问：小蝌蚪找妈妈找到了谁，对不对，为什么？它们怎么说的？小蝌蚪最后找到妈妈了吗？谁是它的妈妈？它们自己也变成了什么？

（4）再次欣赏故事。

3. 学习音乐游戏《小蝌蚪找妈妈》。

（1）教师：小蝌蚪找到妈妈真高兴，听，现在小蝌蚪正在跟妈妈高兴地跳舞呢。

（2）教师放音乐，引导幼儿倾听，并鼓励幼儿按歌词做动作。

（3）教师范唱，并引导幼儿学习动作。

4. 游戏结束。听音乐做表演活动，鼓励幼儿边唱边做动作。

日常活动

1. 利用听读训练欣赏儿歌《小蝌蚪》，加深幼儿对小蝌蚪外形特征的认识。

2. 继续观察小蝌蚪的生长过程。

三、快乐的小金鱼

课程目标

1. 通过观察感知金鱼的外表特征和习性。

2. 初步学习儿歌，培养幼儿对儿歌的兴趣。

3. 学习词“欢欢喜喜”“撅”。

课前准备

1. 一盆小金鱼。

2. 小金鱼头饰若干。

课程内容

1. 教师出示小金鱼，引导幼儿观察。

教师：小朋友，看老师带来了什么？小金鱼是什么样子的？小金鱼在干什么？它和其他鱼有什么不一样？小金鱼生活在什么地方？如果离开水它会怎样？

2. 教师有表情地朗诵儿歌，并对幼儿不易理解的词做出恰当的解释。

教师：这首儿歌叫什么名字？儿歌里说了什么事情？你知道什么叫欢欢喜喜吗？你能用动作解释一下“撅”的意思吗？

3. 教师通过带领幼儿集体、分组、个别朗诵等形式帮助幼儿掌握儿歌。

4. 鼓励幼儿边做动作边学习朗诵儿歌。

5. 欣赏歌曲《小金鱼》。

(1) 帮助幼儿熟悉歌曲旋律，教师范唱。

(2) 幼儿学唱。

6. 表演《小金鱼》，结束活动。

日常活动

利用听读训练,欣赏儿歌《小金鱼》。

四、灌木和乔木

课程目标

观察乔木和灌木,知道它们的主要特征和区别,激发幼儿关心爱护树木的情感。

课前准备

小树林背景图,汉字卡片“乔木”“灌木”,动物头饰若干。

课程内容

1. 幼儿戴头饰进教室。

今天天气真好,小动物们一起去小树林玩,好吗?

2. 观察背景图,认识乔木、灌木,并学习用身体动作表示。

(1)小树林到了,小树林里有许多什么?(树)这些树是一样的吗?

(2)这是树的什么?(树叶、树干)请你数一数,它有几根树干。

小结:只有一根树干,长得高高的,它有一个名字叫“乔木”(认读汉字:乔木)。

(3)乔木是什么样子的?请你学一学。

(4)这棵树跟乔木一样吗?哪里不一样?它有多少根树干?(许多树干)

小结:有许多树干的,长得矮矮的树叫“灌木”(认读汉字:灌木)。

(5)灌木是什么样子的?请你学一学。

3. 到生态园去观察。

做游戏“小孩小孩真爱玩”,巩固幼儿对乔木、灌木的认识。

日常活动

利用餐后散步活动，带幼儿参观生态园的树木，巩固幼儿对乔木、灌木的认识。

五、认识荷花和睡莲

课程目标

1. 认识荷花、睡莲，知道它们的名称。
2. 初步了解荷花、睡莲的生长环境和外形特征。
3. 鼓励幼儿大胆学习用手指添画荷花。

课前准备

1. 荷花、睡莲的实物或图片。
2. 带领幼儿参观荷花池。
3. 画纸，水粉。

课程内容

1. 出示荷花图片，引导幼儿观察。

(1)出示图卡。教师：小朋友，你们认识这是什么花吗？它长在什么地方？

(2)引导幼儿认识荷花、荷叶，要求幼儿正确发音。

(3)引导幼儿观察荷花、荷叶的外形特征。

2. 出示睡莲图片，引导幼儿观察。

(1)教师：这是什么花？它们跟荷花有什么不一样的地方？它生长在哪里？

(2)帮助幼儿区分荷花和睡莲的不同之处。睡莲的莲叶小，浮在水上，荷叶大；荷花是有茎秆的，长在水上，而睡莲是浮在水面上的。

3. 手指添画荷花。

(1)出示示范画，引起幼儿的兴趣。

(2)出示颜料和操作纸,激发幼儿操作的兴趣。

(3)通过幼儿的想象、创意,引出“手指作画”。

(4)交代操作要求,幼儿操作。

4. 欣赏幼儿作品《美丽的河塘》,结束活动。

第五节 我们离不开水

设计意图

环境是重要的教育资源。应通过环境的创设和利用,有效地促进幼儿的发展。充分利用幼儿园里的动植物,饲养小鱼,吸引幼儿的观察兴趣,开展一系列活动。爱玩水是孩子的天性,小班的孩子也不例外,但由于种种原因,他们的这种欲望得不到满足。教师应成为幼儿学习活动的支持者、合作者、引导者,要善于发现幼儿感兴趣的事物、游戏和偶发事件中所隐含的教育价值,把握时机,积极引导。因此,结合幼儿兴趣,我们开展了以下活动。

一、我们来浇水

课程目标

1. 通过实验,初步了解植物与水的关系,知道水的重要性。
2. 熟悉音乐旋律,理解歌曲内容,学唱歌曲。
3. 体验给花儿浇水的快乐感。

课前准备

一盆已干枯的花,一盆鲜花,小水壶若干。

课程内容

1. 出示两盆花，引导幼儿观察。

(1)教师：小朋友，你们看看这两盆花有什么不一样的地方？(一盆枯萎了，一盆绿油油的)

(2)引导幼儿讨论：为什么会这样？

(3)小结：一盆绿油油的花正不断长高长大，因为我们每天都给它浇水。而另一盆花因为没水喝干死了，这就告诉我们花、草、树木跟我们一样需要喝水，如果没有水，它们就会干枯。

2. 学习歌曲《我给花儿把水洒》。

(1)教师：我们生态园的花都要喝水了，我们怎么帮它们呢？

让幼儿欣赏歌曲《我给花儿把水洒》。

(2)帮助幼儿熟悉歌词。

(3)幼儿学唱歌曲。

3. 教师带领幼儿到生态园边唱边浇花。

二、美妙的水声

课程目标

1. 通过玩水激发幼儿探索水的奥秘的兴趣，并能辨别不同的水声。

2. 学会大胆思考，从而感受玩水的快乐感。

3. 学习歌曲，感受歌曲的力度，音的高低。

课前准备

各种盛水容器和塑料制品、海绵等操作材料。

课程内容

1. 请幼儿听录音，辨别小溪、小河、大海的流水声。

教师请小朋友仔细听听播放出的是什么声音，并请幼儿模仿不同水声。如：嘀嘀嗒、哗哗哗、叮咚。

2. 提供各种材料让幼儿玩水，感受物体的沉浮，同时玩滴水、倒水、泼水的游戏，亲身感受不同情况下发出的水声。

3. 引导幼儿倾听歌曲《水娃娃》，帮助幼儿熟悉音乐旋律，理解歌词。

4. 引导幼儿用不同方法学习歌曲。

5. 进行表演唱，要求有节奏、有感情地演唱。

三、吹泡泡

课程目标

了解肥皂溶化在水里的过程，让幼儿在吹泡泡的游戏中感受玩的快乐。

课前准备

肥皂薄片若干、温水壶、筷子或小木棍、干净的小空瓶、吸管。

课程内容

1. 让幼儿观察桌上摆放的肥皂片、空瓶、筷子、吸管等，并各自取1份材料自己尝试操作，教师提出行为要求并做操作提示，请幼儿把肥皂片轻轻地放在自己的瓶中并用筷子不停地搅拌。学习词：搅拌。

2. 引导幼儿观察、发现肥皂和水的变化，初步了解水能溶解肥皂片的特点，学习词：溶化。

教师：请小朋友仔细看看肥皂到哪里去了？肥皂都在水里了，我们把这种现象叫作溶化，肥皂溶化在水里了，水就变成了肥皂水。

3. 带领幼儿到室外玩“吹泡泡”的游戏，观察肥皂泡泡的颜色，激发幼儿继续探索的兴趣。

教师：肥皂水可以吹泡泡，我们一起到外面吹泡泡吧，小朋友你们看，多漂亮的肥皂泡啊，它们五颜六色，美丽极了。为什么会有这五彩的颜色呢？那是因为太阳光的缘故。

4. 教育幼儿珍惜用水，不浪费水。

四、水变甜了，水变咸了

课程目标

1. 了解水的特性，知道水是无色无味、透明的。

2. 通过小实验，初步了解糖和盐可以溶化在水里，水会变甜、变咸。

课前准备

人手1只茶杯，搅拌棒1根，白开水1壶，盐、糖若干。

课程内容

1. 出示一杯用透明玻璃瓶装的水，引导幼儿观察。

教师：请小朋友看看杯子里盛了什么？有颜色吗？

2. 请每个幼儿品尝白开水，提问：有什么味道？

3. 幼儿讨论回答，教师小结：水是无色无味、透明的，并帮助幼儿理解什么叫“透明”。

4. 教师出示糖和盐，引导幼儿观察并区分糖和盐。

教师：老师这儿有一碗盐和一碗糖，它们是什么颜色的？有谁知道哪个是盐、哪个是糖？鼓励幼儿想办法来区分糖和盐。

5. 引导幼儿用水来溶化，通过品尝来分辨糖和盐，让幼儿知道糖和盐可以溶进水里，糖溶化后水可以变甜，盐溶化后水可以变咸。知道糖溶化在水里成为糖水，盐溶化在水里成为盐水。

6. 教师和幼儿共同收拾实验用品。

延伸活动

指导家长与幼儿在家中共同做一些类似的实验，让幼儿知道水还能溶解很多东西。

第六节　一起去郊游

设计意图

为了让久居市区的孩子们领略一下自然风光，感受美丽的田园景色，体验丰收的喜悦，并结合“幼儿园要充分挖掘和利用社区资源”的基本理念，我们设计了这一节活动，带领幼儿走进大自然，寻找秋天的色彩，探索秋的变化，感受秋的美景。

一、感受金色的秋天

课程目标

1. 通过参观活动感受秋天的美景，知道秋天是丰收的季节。
2. 初步了解和认识一些农作物或果树的特征。
3. 培养幼儿的观察力，锻炼幼儿意志。

课前准备

1. 联系参观事宜，察看参观路线（参观田园、果园等）。
2. 准备交通工具和幼儿必备的生活用品，提醒幼儿穿合适的服装和鞋子。
3. 制订参观计划。

课程内容

1. 激发幼儿参观农村的兴趣与愿望，交代参观要求。
2. 指导幼儿观察田园和果园的景象。

（1）引导幼儿观察农作物、果树。了解其名称、外形和功用（如稻子、棉花、玉米、山芋、柿子、板栗、黄豆等），收集一些农作物和果子。

(2)引导幼儿观看成人劳动,观察收获过程。

(3)组织幼儿参与收获活动。如:拾山芋、拾稻穗,尝试收割稻子和挖山芋、打板栗。

3. 组织幼儿休息,品尝农家准备的山芋。

日常活动

1. 回园后组织幼儿将参观的情景用语言表述出来或进行绘画。

2. 将收集的农作物和果子布置在区角,供幼儿观察或进行手工制作。

3. 通过音乐活动《郊游》进一步让幼儿感受秋游的快乐。

4. 欣赏幼儿园编排的舞蹈《打栗子》。

二、游乐城真好玩

课程目标

1. 参观游乐城的各种设施及玩具。

2. 游玩时,注意个人安全,不拥挤。

3. 激发幼儿热爱幼儿园的情感。

课前准备

提前检查游乐城设施的安全情况。

课程内容

1. 带领幼儿参观游乐城。

介绍游乐城各种设施及其玩法。

2. 交代要求,幼儿选择自己喜欢的玩具游玩,教师巡回观察,鼓励幼儿大胆游玩。

3. 集体讨论、小结:游乐城真好玩,你喜欢玩什么?排队回教室。

日常活动

利用听读训练欣赏儿歌《跷跷板》《滑滑梯》，感受游戏的快乐。

第七节　丰收了

设计意图

秋天是个彩色的季节，天上的云彩、风儿，地上的花草、树木，农家的果园、稻田、草地，万紫千红，流光溢彩。秋天是个成熟的季节，到处流动着丰收的喜悦。为了使幼儿进一步认识秋天的果实，了解它们的名称、外形特征及果实与人的关系，结合幼儿经验，我们设计了这一节，教育幼儿尊敬劳动人民，爱惜劳动成果，不吃不洁食物，瓜果要洗净、剥皮，养成良好的生活卫生习惯。

一、好吃的蔬菜

课程目标

1. 熟悉各种蔬菜，了解蔬菜根、茎、叶的知识，并会按食用部位进行分类。
2. 懂得多吃蔬菜身体好。养成爱吃蔬菜的好习惯。

课前准备

各种带有根、茎、叶的蔬菜实物或图片。

课程内容

1. 了解生活中各种蔬菜的名称。

观察各种蔬菜实物或图片，说说自己所知道的蔬菜的名称、颜色，认识蔬菜。

2. 讨论蔬菜对人体的作用，认识蔬菜的根、茎、叶。

（1）提问：人为什么要吃蔬菜？人不吃蔬菜，身体会出现哪些不舒服的地方？幼儿讨论后老师小结：蔬菜对我们人体很重要，蔬菜里含有大量的维生素和水分，多吃蔬菜可以避免口角溃烂；蔬菜里含有粗纤维，可以帮助我们消化和吸收身体里的食物，防止大便干结等。我们应该天天吃蔬菜，吃各种各样的蔬菜。

（2）出示萝卜、芹菜，让幼儿说说我们食用它们的哪一部位，让幼儿知道这些蔬菜的根、茎、叶。

（3）你还知道哪些蔬菜食用的是什么部位吗？

3. 给蔬菜分类。

出示各种不同的蔬菜实物或图片，请幼儿按蔬菜的根、茎、叶进行分类。

4. 品尝可食用的蔬菜。如：黄瓜、萝卜等。

日常活动

1. 进行手工活动。如：蔬菜造型。

2. 帮助厨房工作人员择菜。

3. 可开展角色游戏：农贸市场。

二、石榴和柿子

课程目标

1. 知道石榴和柿子的外形特征，能通过多种感官区别它们的不同。

2. 知道石榴和柿子是秋天的水果，通过韵律活动体验丰收的喜悦。

课前准备

石榴、柿子若干，音乐《摘果子》，参观生态园中的石榴树。

课程内容

1. 回忆在生态园参观过的石榴树。

说说石榴的外形特征并说出石榴树是乔木还是灌木。

2. 出示柿子和石榴，区别它们的不同。

请幼儿分别用鼻子闻、用眼看、用手摸、用嘴尝它们的不同之处，并用语言说出来。

3. 师生共同小结，知道石榴和柿子都是秋天的果实。

4. 欣赏音乐《摘果子》。

5. 师生共同学习律动《摘果子》，结束活动。

日常活动

1. 学习有关石榴和柿子的谜语。

2. 开展“卖柿子”的游戏，培养幼儿的表演才能。

三、七个阿姨来摘果

课程目标

1. 了解秋天的水果和干果。

2. 学习有表情地朗诵诗歌，读准七、提、柿、李、梨、栗的字音。

课前准备

苹果、桃、石榴、柿子、李子、栗子、梨等水果和干果实物。

课程内容

1. 猜谜导入。

(1)教师说谜面：黄瓷瓶，口儿小，打开瓷瓶儿，挖出红珠宝。

幼儿猜谜。（石榴）

(2)用相同的方法猜和学说苹果、桃、石榴、柿子、李子、栗子、梨的谜语。

2. 教师有感情地朗诵诗歌,帮助幼儿理解诗歌。

(1)教师有感情地朗诵诗歌。

(2)提问:诗歌中你听到了什么? 诗歌的名字叫什么?

(3)师生小结。

(4)讨论:谁能说出哪些是水果,哪些是干果,哪些是秋季收获的?

3. 师生共同学习诗歌《七个阿姨来摘果》。

(1)幼儿跟着老师轻声朗诵诗歌两到三遍,读准字音。

(2)让幼儿边做动作边朗诵诗歌。

日常活动

1. 开展角色游戏:水果超市。

2. 开展手工活动:水果造型。

3. 开展"帮水果找家""秋天的果盆"等游戏。

第八节　爱护绿色的森林

设计意图

孩子从电视上看到过大人植树,有的还参与过植树活动,他们对植树活动表现出浓厚的兴趣,但对为什么要植树不太清楚,或者说了解不够。为了让孩子能深入了解森林的作用及其与动植物的生态关系,激发幼儿爱护树木、保护森林资源的情感,我们以孩子参与实践活动为主线层层深入展开,特别设计了以下活动。

一、大树林的故事

课程目标

1. 欣赏故事，能用连贯、完整的语言表述出图片的情节。

2. 理解故事内容，并能模仿作品进行简单对话。

3. 从作品中感受到榕树爷爷、小动物们植树的快乐。

课前准备

森林背景图一幅，相关动物图片。

课程内容

1. 听故事《大树林的故事》。

提问：你听到故事里有哪些动、植物？讲了一件什么事情？最后结果怎样？

2. 出示背景图，边讲故事边加上动、植物图片。

3. 师生共同看图讲述故事，练习动物对话。

4. 引导幼儿讨论森林里还有哪些动、植物种类。

5. 引导幼儿用情境表演来表现大树林的故事。

幼儿协商分工确定角色。

二、木、林、森

课程目标

1. 感知汉字构成的一般规律，知道以“木”为偏旁的字均与木有关。

2. 认读汉字“木、床、桌、柜、橱、树、林、森”等。

3. 理解“森、林、木……”之间发生的变化，从而知道乱砍滥伐树木对环境造成的危害，培养初步的环保意识。

课前准备

"木、床、桌、柜、橱、树、林、森"的字卡及图片。

课程内容

1. 出示桌、床、椅等图片。

请幼儿说出这些物品的名称，然后出示汉字，让幼儿猜一猜，并说出这是什么字。

2. (1) 引导幼儿观察汉字，找出这些字的共同之处，并找出"木"字藏在哪里。为什么这些字里有个"木"字？

(2) 出示木块图片，提问：木块是从哪里来的？

出示树的图片及"树"的字卡，让幼儿发现"树"字也是"木"字偏旁。

(3) 认读"林、森"，让幼儿知道"林"是由两个"木"组成，"森"由三个"木"组成。

(4) 启发幼儿想出更多树名，幼儿说一个，教师写一个，看看"木"字藏在哪儿。

(5) 出示"森、林、木……"

提问：这三个字排在一起，最后的省略号是什么意思？中间发生了什么事情？

引导幼儿了解由于各种原因，森林越来越少，最后会成为一片荒漠，知道种植树木的重要性。

(6) 游戏：木、林、森。

幼儿单人或两人、三人合作，用身体动作拼出木、林、森三个字。

三、我们植树去

课程目标

1. 知道3月12日是植树节，并了解植树的积极意义。

2. 通过观察、操作，初步掌握种树的基本方法和步骤。

3. 培养劳动的兴趣,体验植树成功的喜悦。

课前准备

树苗若干、植树工具。

课程内容

1. 谈话导入课题。

你知道3月12日是什么节吗?这一天里人们会干些什么?

2. 引导幼儿讨论植树与人们的关系,并提问:植树到底有哪些作用呢?

(1)出示遮阳的图片,引导幼儿观察。

(2)出示防风林、防污染图片。分别引导幼儿讲述树木可以防沙、防污染,可以美化环境,还可以防止水土流失等。

3. 学习种植树苗的方法。

(1)让幼儿初步知道挖坑和种植的要求,学会正确地使用铲子和喷壶。

(2)观看园丁种树,了解种树的步骤和要领。

(3)幼儿学习种树,教师观察指导,可让幼儿分工合作,提醒幼儿注意安全。

4. 欣赏文学作品《蓓蓓"种花"》。

日常活动

1. 请家长与孩子一起收看有关植树的电视新闻。

2. 与家长一起收集报纸上有关植树的报道,剪下来带到幼儿园。

四、森林里的食物链

课程目标

1. 通过观看视频,了解动物的饮食习性,并按动物不同的饮食习性进行分类。

2. 初步了解动物、植物、微生物之间是相互依存的,与环境是紧密联系的。

课前准备

视频《动物世界》,相关动物图片。

课程内容

1. 幼儿观看视频《动物世界》,了解食草动物、食肉动物的概念。

提问:你们刚才看到了哪些动物?它们的食物是什么?

2. 引导幼儿按动物的饮食习性给它们分类。

3. 幼儿讨论:森林里为什么要有食肉动物?若没有了食肉动物会怎样?没有了食草动物会怎样?

4. 教师小结:森林中的食物链是生物共存的前提,动物、植物、微生物相互依存,与环境紧密联系。

第九节　美丽的家园

设计意图

春天是充满希望、万象更新的季节,树木长出碧绿的新叶,野草冒出鲜嫩的新芽,处处都是生机盎然的美好景象。孩子们一心向往着去郊游,连平时活动时也有孩子情不自禁地唱起“郊游”歌。结合幼儿园生态－艺术综合教育课程研究,我们设计了“美丽的家园”这一节,旨在让孩子们在认识地球外形、资源的基础上,初步感受环境美,激发幼儿热爱大自然的情感。人类活动及自然原因使环境条件发生不利于人类的变化,以致影响了人类的生长和生活,给人类带来灾害,这就是环境问题。去郊游时,就有孩子随手丢瓜皮、果壳、包装盒,他们还没有意识到环境污染的危害。要让孩子们了解身边自然环境的变化,懂得环境污染的危害,知道各种污染的来源及处理方法,激发幼儿保护环境的情感。

一、认识地球妈妈

课程目标

1. 初步认识地球,了解人与自然环境的关系。

2. 感受环境美,激发幼儿热爱大自然的情感。

课前准备

1. 地球仪若干(与幼儿人数相等)。

2. 做好去郊游的准备。

3. 摄像机,照相机。

4. 绘画用纸,笔。

课程内容

1. 引导幼儿认识地球仪,知道地球上有海洋、陆地、沙漠等。

(1)导入活动,引出主题。

教师:每个小朋友都有自己的家,有自己的爸爸妈妈,而我们全世界的人拥有一个共同的家,共同的妈妈,你知道她是谁吗?

(2)集体活动,观察地球仪。

教师:地球是一个非常非常大的星球,它养育着全世界所有的动、植物。你们看看,地球上还有什么?

教师操作地球仪,幼儿观察讨论。

教师小结:地球上有海洋、绿洲、河流、陆地、沙漠、森林……

(3)小组活动。

教师:请小朋友们仔细观察你手上的地球仪,找一找刚才老师说的海洋、陆地、河流等。

(4)游戏:火眼金睛。

2. 引导幼儿观看视频,知道我们要热爱地球妈妈。

教师:刚刚看了视频,我们知道地球对我们很重要,它到底有什么用?

引导幼儿思考、讨论,知道地球妈妈只有一个,我们都要爱护她。

提问:动物、植物都要依赖地球妈妈,如果妈妈生病了,会发生什么?

延伸活动

与爸爸妈妈一起研究地球仪,更进一步认识地球。

二、我们需要清洁优美的环境

课程目标

1. 了解身边自然环境的变化,看看、说说地球受到的各种破坏和污染,增强环保意识。

2. 知道什么是水污染、空气污染、垃圾污染等,懂得环境污染的危害,发展促进幼儿的观察、思维能力。

3. 知道各种污染的来源,日常生活中学会分类投放垃圾。大胆流利地表述自己的看法,激发幼儿保护环境的情感。

课前准备

1. ××湖的自摄视频,《生病的地球》视频。

2. 每个教室放置两个垃圾桶。

3. 小实验材料。

课程内容

1. 教师讲述故事:《地球妈妈生病了》。

幼儿讨论回答:地球妈妈怎么了?她为什么会这样?

教师小结:各种污染使地球的环境受到破坏,地球妈妈生病了。

2. 结合实际生活,激发幼儿保护环境的意识。

(1)看××湖的自摄视频。

第一组视频:××湖的美景及幼儿活动时的开心情景。

第二组视频：休息和吃点心时，个别幼儿随意丢瓜皮、果壳、包装盒的行为。

(2)启发幼儿比较：吃点心前后，草地上有什么不一样？

(3)谈谈自己看到美丽的××湖和被丢上垃圾的××湖时心情有什么变化。

假如人们都这样乱丢垃圾，地球妈妈会怎么样？

3. 观看《生病的地球》视频，激发幼儿的情感。

(1)谈谈你看到了什么？

人们不停地把瓜皮、果壳、包装盒扔进海洋里、马路上、公园里，工厂里有很浓的黑烟冒出来，还有水也变脏了。

(2)看了这组视频，你的心情如何？

(3)在丰富感性经验的基础上切身感受地球环境的危机。

现在树木越来越少，动物越来越少，垃圾越来越多，我们应该怎么做？

日常活动

观察回家的路上有没有行人乱丢瓜皮、果壳，路边有没有垃圾堆。

三、认识城市的污染物

课程目标

1. 认识城市污染物都有哪些。
2. 培养不乱扔废物、保护环境的意识。

课前准备

有关城市污染物的视频。

课程内容

1. 观看视频：人们在大量砍伐树木，小鸟离开了家乡，动物越来越少。工厂的废水流入小河，河面上漂浮着大量的死鱼。汽车的尾气、工厂冒出的大量黑烟使人们的身体健康受到威胁。马路边、小河旁处处垃圾成堆,苍蝇到处乱飞。

教师:看了这组视频,你心里怎么想?

2. 了解水污染。

(1)开展有关水的讨论。

水从哪里来?它对我们人类有什么用?需要水的朋友还有哪些?

(2)出示一杯清水,一杯污水,让幼儿进行比较。

讨论:水为什么会变黑?水被污染了有什么害处?

(3)大家谈谈还在哪儿看到过水污染的现象。

师生共同小结:人们将垃圾倒入小河中,工厂里也有废水流入河里,水变脏、变黑、变臭,就会使小鱼死亡。

3. 了解空气污染。

(1)带幼儿到生态园感受新鲜的空气。

(2)实验:用火柴燃烧塑料,让幼儿感受塑料的臭味。

讨论:空气还新鲜吗?空气中的臭味从哪里来?

(3)看视频。生长在污染的空气中的植物和生长在新鲜的空气中的植物有什么不同,得出空气污染的危害。

(4)大家谈谈,还在哪里看到过空气污染。

师生共同小结:汽车的尾气和工厂排放出的大量黑烟,给我们的空气造成很大污染。

4. 了解垃圾污染。

(1)看视频,人们掩鼻走过垃圾堆,许多苍蝇在乱窜。

(2)讨论:臭味从哪里来?哪些地方特别会产生垃圾?

(3)师生共同小结:人们随手乱扔垃圾,时间长了很臭,会引来苍蝇、蚊子,而菜市场、餐馆、宾馆、办公室垃圾特别多。

(4)了解垃圾的来源及处理方法。

哪些地方垃圾特别多,最后垃圾到哪里去了?

幼儿互相交流讨论。

师生共同小结:有的垃圾被倒入垃圾桶,环卫工人把它们收集起来运走,然后对它们分类处理,有的垃圾被埋在填埋场,还有的垃圾被烧掉。

(5)了解垃圾的回收利用。

幼儿讨论:垃圾可不可以再用一次?

师生共同小结：有些垃圾是可以回收利用的，因为它们是用很宝贵的材料制成的，浪费了太可惜，所以我们小朋友要养成不乱扔垃圾的好习惯。

分组讨论：哪些垃圾可以回收再利用？为什么？

介绍可回收垃圾箱和不可回收垃圾箱。

日常活动

带幼儿参观污水处理站。

鼓励幼儿做一次调查，看看垃圾从哪里来。

幼儿在日常生活中学习分类投放垃圾。

第十节　体验多彩的生活

设计意图

本节课程以角色体验的形式开展，从幼儿阶段的身心特点与学习特点出发，立足教育实践，旨在促进幼儿培养基本的生活能力和与社会接触、互动并参与社会生活的能力，养成良好的生活习惯。

一、逛超市，买东西

课程目标

1. 喜欢玩超市购物的游戏，愿意为同伴服务。
2. 了解超市工作人员的工作，尝试按照超市工作人员的工作流程游戏。
3. 能用协商的方法分配角色并坚守岗位。

课前准备

1. 知识经验准备:幼儿去过超市,了解商品摆设和超市工作人员的工作,知道商品买卖的流程。

2. 物质材料准备:各种丰富的商品、货架、角色吊牌、钱币、钱包、购物篮等。

3. 活动环境准备:把教室布置成超市。

课程内容

1. 带幼儿参观布置好的小超市。

2. 提问:我们的超市是怎样的?里面有什么商品?分为哪些区域?到超市买东西有什么规则?

引导幼儿观察超市的主要区域划分,了解超市购物的规则。知道有食品区、日用品区等。

3. 教师扮演超市经理,向幼儿介绍超市各部门的情况,和幼儿共同商定各部门的任务职责及顾客买东西所应注意的事项。

4. 幼儿自愿选择角色,做好游戏准备工作。

(1)幼儿进入游戏场地,在自己的岗位上开始游戏。

(2)各部门工作人员坚守岗位,认真工作,表现角色特点。

(3)教师在游戏中对幼儿出现的问题进行有针对性的指导。教师指导幼儿如何服务(主动热情与顾客打招呼,热情介绍自己区域所卖产品,说出产品的特点、有何作用)。

5. 师生共同小结。

(1)在游戏中什么事最令人开心?与大家分享。

(2)你最喜欢的区域、工作人员、顾客是哪一个?为什么?

6. 说说游戏中发现的新问题。遇到了什么困难?可以怎么解决?

二、琳琅满目的快餐厅

课程目标

1. 感受角色交往的乐趣，愿意为同伴服务。

2. 了解快餐厅工作人员的职责，尝试与同伴模仿角色的动作和语言。

3. 能将实践中获得的经验运用到游戏中，加强角色间的交流。

课前准备

1. 知识经验准备：请家长带孩子参观快餐厅。调查、记录快餐厅里有哪些工作人员，各自负责做什么，快餐厅里分为几个区，物品怎么摆放。幼儿到快餐厅收银台前观察服务员与点餐者如何交流，如何取食物。

2. 物质材料准备：海绵制作的汉堡包、薯条、鸡腿等快餐厅食物，托盘、角色挂饰、钱币等。

3. 活动环境准备：将活动室布置成快餐厅的样子。

课程内容

1. 参观游戏场地，知道场地的分布。

2. 幼儿回顾到快餐厅收银台前服务员与点餐者如何交流，如何取食物。教师引导幼儿熟悉游戏场地，回顾游戏点餐的流程。

3. 师幼回忆在快餐厅中的情景，请幼儿说说餐厅里都有哪些角色：餐点制作师、餐点贩卖师、顾客、清洁员。

4. 出示点餐程序图，引导幼儿讨论点餐程序，明确顾客与服务员之间的交流与取食物的要求。

5. 幼儿按照自己的意愿选择扮演角色。教师观察指导，引导幼儿解决游戏中出现的问题。

6. 收拾游戏材料，提示思考还有什么更好的解决办法。

7. 集体交流：谈谈在游戏中扮演的角色以及自己是怎么做的。

8. 探讨游戏中存在的问题，提出下一次活动的目标。

日常活动

参观快餐厅，了解餐厅的布局。

尝试自己制作快餐。

参考文献

[1]高敬.幼儿园课程[M].杭州:浙江教育出版社,2010.
[2]江诚.幼儿园课程[M].合肥:安徽大学出版社,2012.
[3]王芳.幼儿园课程[M].郑州:郑州大学出版社,2013.
[4]吉兆麟,夏如波.幼儿园课程[M].南京:南京大学出版社,2015.
[5]安中凯,刘敏,朱红,等.幼儿园课程开发的理论与实践[M].北京:中国海洋大学出版社,2015.
[6]许卓娅.幼儿园课程理论与实践[M].南京:南京师范大学出版社,2002.
[7]赵寄石,宋建龙.幼儿园生态——艺术综合教育课程理念与案例[M].南京:南京师范大学出版社,2004.
[8]杜平凡.综合游戏案例设计[M].武汉:湖北美术出版社,2011.